skóli - σχολείο	2
ferðalög - ταξίδι	5
samgöngur - μεταφορά	8
borg - πόλη	10
landslag - τοπίο	14
veitingastaður - εστιατόριο	17
kjörbúð - σούπερ μάρκετ	20
drykkir - ποτά	22
matur - φαγητό	23
bær - αγρόκτημα	27
hús - σπίτι	31
stofa - σαλόνι	33
eldhús - κουζίνα	35
baðherbergi - μπάνιο	38
barnaherbergi - παιδικό δωμάτιο	42
föt - ρούχα	44
skrifstofa - γραφείο	49
hagkerfi - οικονομία	51
starfsgreinar - επαγγέλματα	53
verkfæri - εργαλεία	56
hljóðfæri - μουσικά όργανα	57
dýragarður - ζωολογικός κήπος	59
íþróttir - αθλήματα	62
athafnir - δραστηριότητες	63
fjölskylda - οικογένεια	67
líkami - σώμα	68
sjúkrahús - νοσοκομείο	72
neyðartilvik - έκτακτη ανάγκη	76
Jörð - Γη	77
klukka - ρολόι	79
vika - εβδομάδα	80
ár - έτος	81
form - σχήματα	83
litir - χρώματα	84
andstæður - αντίθετα	85
tölur - αριθμοί	88
tungumál - γλώσσες	90
hver / hvað / hvernig - ποιος / τι / πως	91
hvar - που	92

Impressum
Verlag: BABADADA GmbH, Nedderfeld 112 , 22529 Hamburg
Geschäftsführer / Verlagsleitung: Harald Hof
Druck: Books on Demand GmbH, In de Tarpen 42, 22848 Norderstedt

Imprint
Publisher: BABADADA GmbH, Nedderfeld 112 , 22529 Hamburg, Germany
Managing Director / Publishing direction: Harald Hof
Print: Books on Demand GmbH, In de Tarpen 42, 22848 Norderstedt

skóli

σχολείο

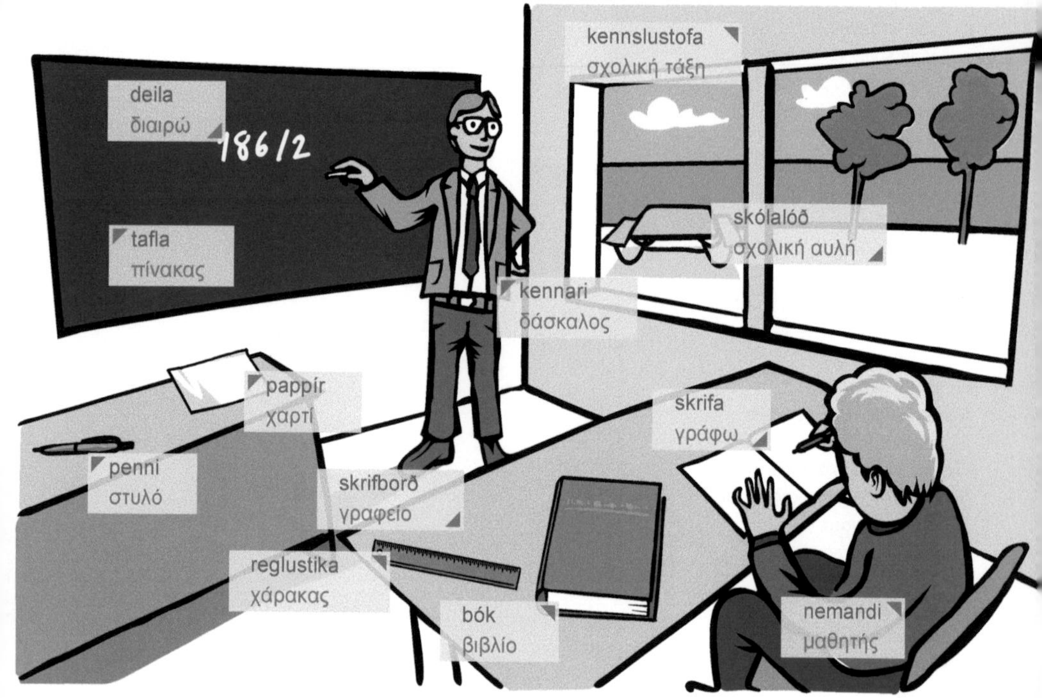

kennslustofa
σχολική τάξη
deila
διαιρώ
186/2
tafla
πίνακας
skólalóð
σχολική αυλή
kennari
δάσκαλος
pappír
χαρτί
skrifa
γράφω
penni
στυλό
skrifborð
γραφείο
reglustika
χάρακας
bók
βιβλίο
nemandi
μαθητής

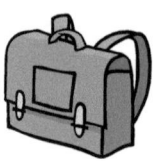

skólataska

σχολική τσάντα

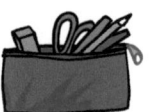

pennaveski

κασετίνα/ μολυβοθήκη

blýantur

μολύβι

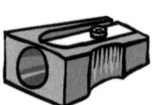

yddari

ξύστρα

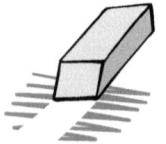

strokleður

γόμα

teikniblað

μπλοκ ζωγραφικής

teikning

ζωγραφική

pensill

πινέλο

litakassi

κουτί χρωμάτων

skæri

ψαλίδι

lím

κόλλα

æfingabók

τετράδιο ασκήσεων

heimavinna

εργασία για το σπίτι

númer

αριθμός

leggja saman

προσθέτω

draga frá

αφαιρώ

margfalda

πολλαπλασιάζω

reikna

υπολογίζω

bréf

γράμμα

stafróf

αλφάβητο

orð

λέξη

texti
κείμενο

lesa
διαβάζω

krít
κιμωλία

kennslustund
μάθημα

kladdi
εγγράφομαι

próf
τεστ

vottorð
πιστοποιητικό

skólabúningur
μαθητική στολή

menntun
εκπαίδευση

alfræðirit
εγκυκλοπαίδεια

háskóli
πανεπιστήμιο

smásjá
μικροσκόπιο

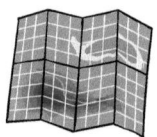

kort
χάρτης

ruslakarfa
καλάθι αχρήστων

hótel
ξενοδοχείο

farfuglaheimili
ξενώνας

gjaldeyrisskipti
ανταλλακτήρια συναλλάγματος

ECHANGE

ferðataska
βαλίτσα

bíll
αυτοκίνητο

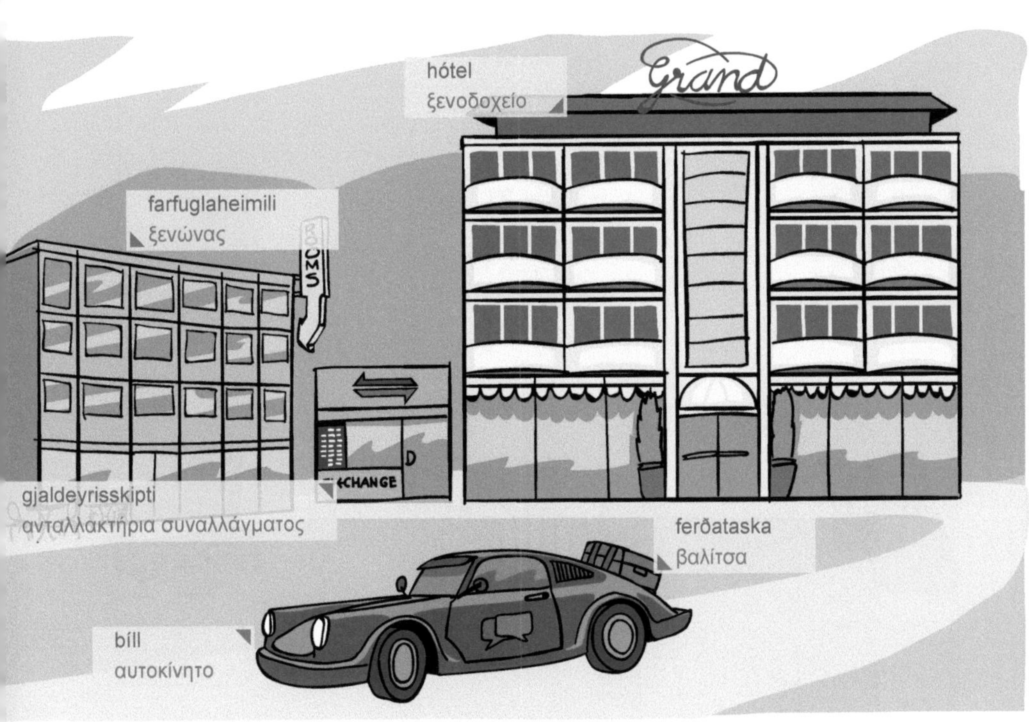

tungumál

γλώσσα

já / nei

ναι / όχι

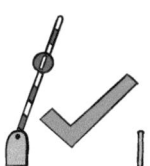

allt í lagi

εντάξει

halló

γεια σου

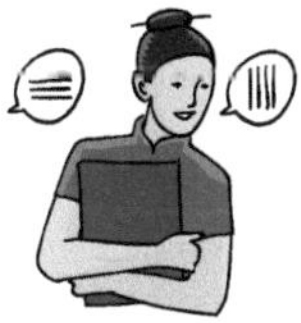

þýðandi

μεταφραστής

takk fyrir

Ευχαριστώ

hvað kostar...?

πόσο κάνει ;

Ég skil ekki

Δε καταλαβαίνω

vandamál

πρόβλημα

Gott kvöld!

Καλησπέρα!

Góðan dag!

Καλημέρα!

Góða nótt!

Καληνύχτα!

bless bless

Αντίο

átt

κατεύθυνση

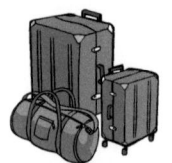

farangur

αποσκευές

taska

τσάντα

bakpoki

σακίδιο πλάτης

gestur

καλεσμένος

herbergi

δωμάτιο

svefnpoki

υπνόσακος

tjald

σκηνή

upplýsingamiðstöð

τουριστικές πληροφορίες

strönd

παραλία

kreditkort

πιστωτική κάρτα

morgunverður

πρωινό

hádegisverður

μεσημεριανό

kvöldmatur

δείπνο

farmiði

εισιτήριο

lyfta

ανελκυστήρας

frímerki

γραμματόσημο

landamæri

σύνορα

tollur

τελωνείο

sendiráð

πρεσβεία

vegabréfsáritun

βίζα

vegabréf

διαβατήριο

samgöngur

μεταφορά

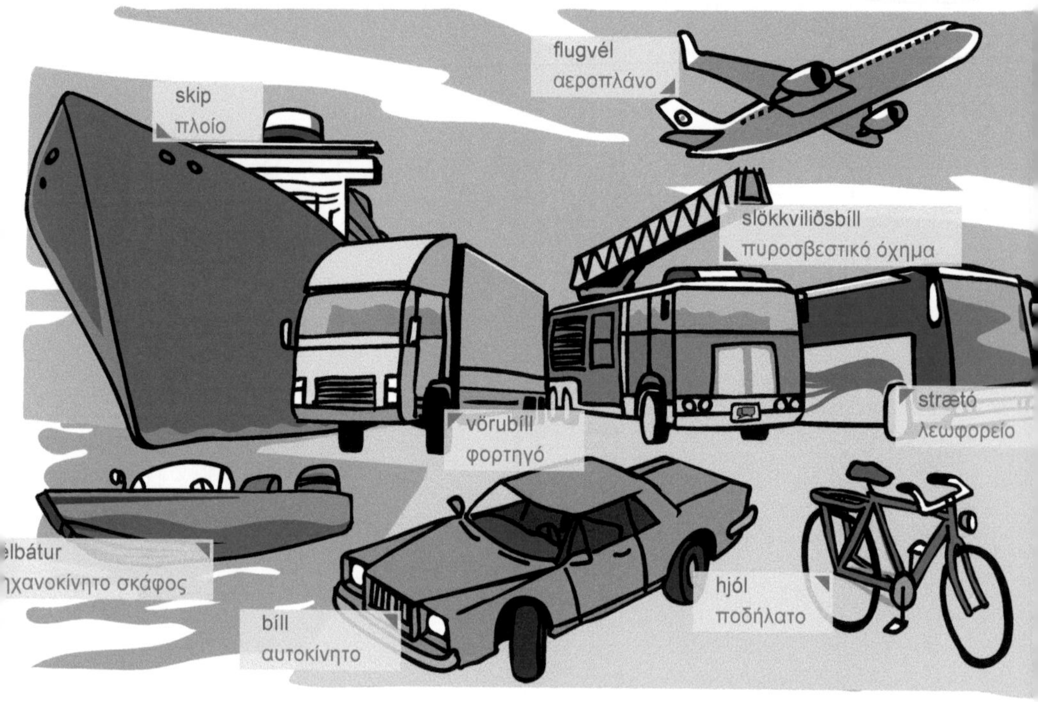

skip
πλοίο
flugvél
αεροπλάνο
slökkviliðsbíll
πυροσβεστικό όχημα
vörubíll
φορτηγό
strætó
λεωφορείο
lbátur
χανοκίνητο σκάφος
bíll
αυτοκίνητο
hjól
ποδήλατο

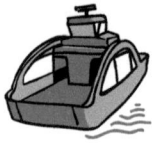

ferja

φεριμπότ

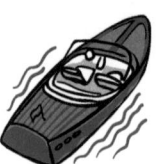

bátur

βάρκα

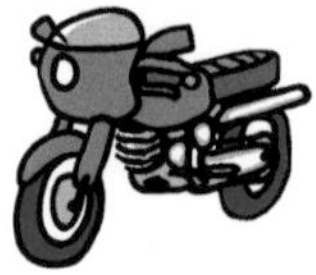

mótorhjól

μοτοσικλέτα

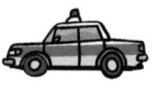

lögreglubíll

περιπολικό

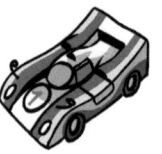

kappakstursbíll

αγωνιστικό αυτοκίνητο

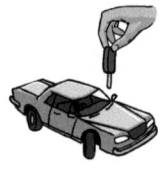

bílaleigubíll

ενοικιαζόμενο αυτοκίνητο

bílasamneyti

ιαμοιρασμός αυτοκινήτων

dráttarbíll

γερανός

öskubíll

απορριμματοφόρο

vél

κινητήρας

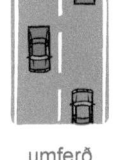

eldsneyti

καύσιμο

bensínstöð

βενζινάδικο

umferðarskilti

πινακίδα σήμανσης

umferð

κυκλοφορία

umferðarteppa

κυκλοφοριακή συμφόρηση

bílastæði

χώρος στάθμευσης

lestarstöð

σιδηροδρομικός σταθμός

járnbrautarteinar

σιδηροδρομικές γραμμές

lest

τρένο

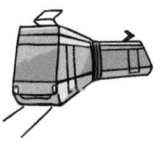

sporvagn

τραμ

vagn

βαγόνι

samgöngur - μεταφορά

9

þyrla

ελικόπτερο

flugvöllur

αεροδρόμιο

turn

πύργος

farþegi

επιβάτης

gámur

εμπορευματοκιβώτιο

pappakassi

χαρτοκιβώτιο

kerra

καρότσι

karfa

καλάθι

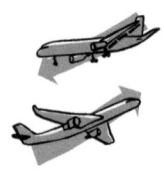

takast á loft / lenda

απογειώνομαι /
προσγειόνομαι

borg

πόλη

þorp

χωριό

miðbær

κέντρο της πόλης

hús

σπίτι

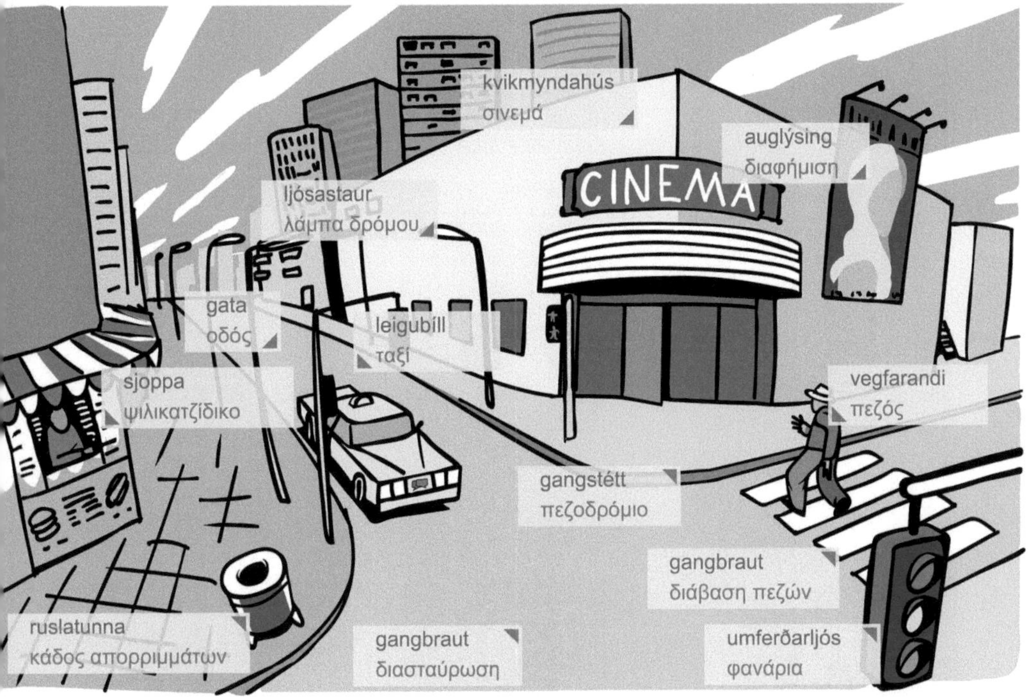

kvikmyndahús
σινεμά

auglýsing
διαφήμιση

ljósastaur
λάμπα δρόμου

CINEMA

gata
οδός

leigubíll
ταξί

sjoppa
ψιλικατζίδικο

vegfarandi
πεζός

gangstétt
πεζοδρόμιο

gangbraut
διάβαση πεζών

ruslatunna
κάδος απορριμμάτων

gangbraut
διασταύρωση

umferðarljós
φανάρια

skáli

καλύβα

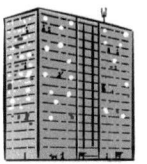

íbúð

διαμέρισμα

lestarstöð

σιδηροδρομικός σταθμός

ráðhús

δημαρχείο

safn

μουσείο

skóli

σχολείο

háskóli

πανεπιστήμιο

banki

τράπεζα

sjúkrahús

νοσοκομείο

hótel

ξενοδοχείο

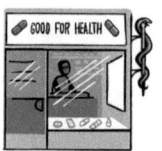

apótek

φαρμακείο

skrifstofa

γραφείο

bókabúð

βιβλιοπωλείο

búð

κατάστημα

blómabúð

ανθοπωλείο

kjörbúð

σούπερ μάρκετ

markaður

αγορά

stórmarkaður

πολυκατάστημα

fiskbúð

ιχθυοπωλείο

verslunarmiðstöð

εμπορικό κέντρο

höfn

λιμάνι

12 borg - πόλη

almenningsgarður

πάρκο

bekkur

παγκάκι

brú

γέφυρα

stigi

σκάλες

neðanjarðarlest

μετρό

göng

τούνελ

biðstöð

στάση λεωφορείου

bar

μπαρ

veitingastaður

εστιατόριο

póstkassi

γραμματοκιβώτιο

götuskilti

πινακίδα δρόμου

stöðumælir

παρκόμετρο

dýragarður

ζωολογικός κήπος

sundlaug

πισίνα

moska

τζαμί

bær

αγρόκτημα

mengun

ρύπανση

kirkjugarður

νεκροταφείο

kirkja

εκκλησία

leiksvæði

παιδική χαρά

musteri

ναός

landslag

τοπίο

laufblað
φύλλο

leiðarvísir
πινακίδα κατεύθυνσης

leið
δρόμος

engi
λιβάδι

steinn
πέτρα

göngufólk
πεζοπόρος

tré
δέντρο

á
ποτάμι

gras
χορτάρι

blóm
λουλούδι

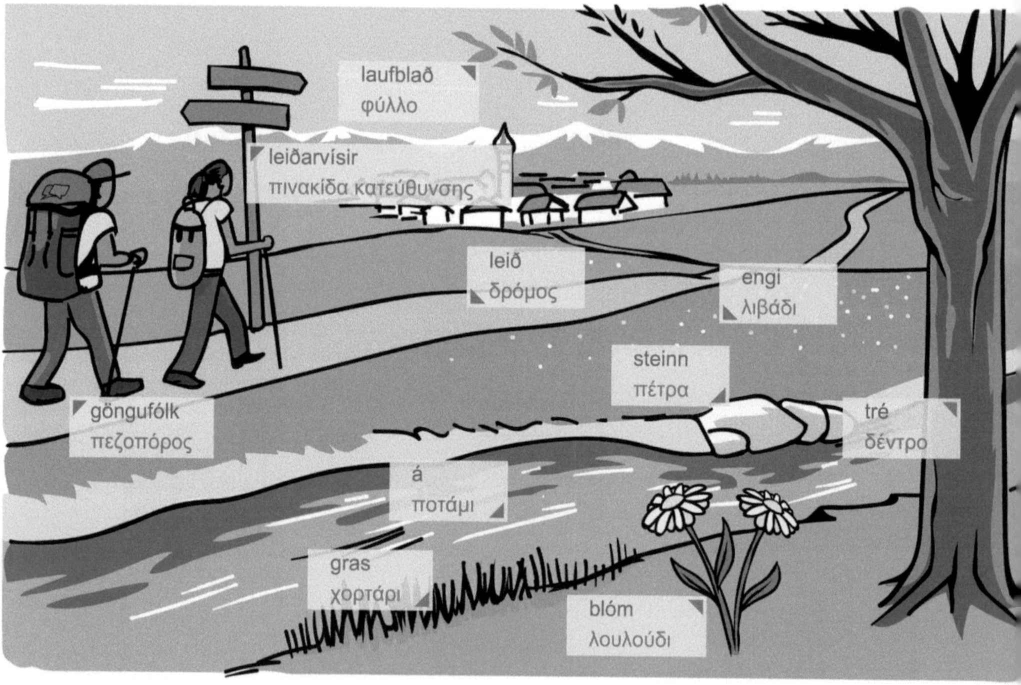

dalur

κοιλάδα

hæð

λόφος

stöðuvatn

λίμνη

skógur

δάσος

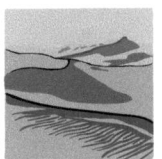

eyðimörk

έρημος

eldfjall

ηφαίστειο

kastali

κάστρο

regnbogi

ουράνιο τόξο

sveppur

μανιτάρι

pálmatré

φοίνικας

moskítófluga

κουνούπι

fluga

μύγα

maur

μυρμήγκι

býfluga

μέλισσα

kónguló

αράχνη

bjalla

σκαθάρι

froskur

βάτραχος

íkorni

σκίουρος

broddgöltur

σκαντζόχοιρος

héri

λαγός

ugla

κουκουβάγια

fugl

πουλί

svanur

κύκνος

villisvín

αγριογούρουνο

dádýr

ελάφι

elgur

άλκη

stífla

φράγμα

vindmylla

ανεμογεννήτρια

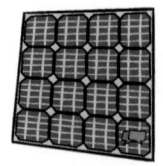

sólarrafhlaða

ηλιακός συλλέκτης

loftslag

κλίμα

veitingastaður
εστιατόριο

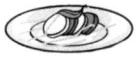

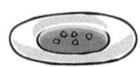

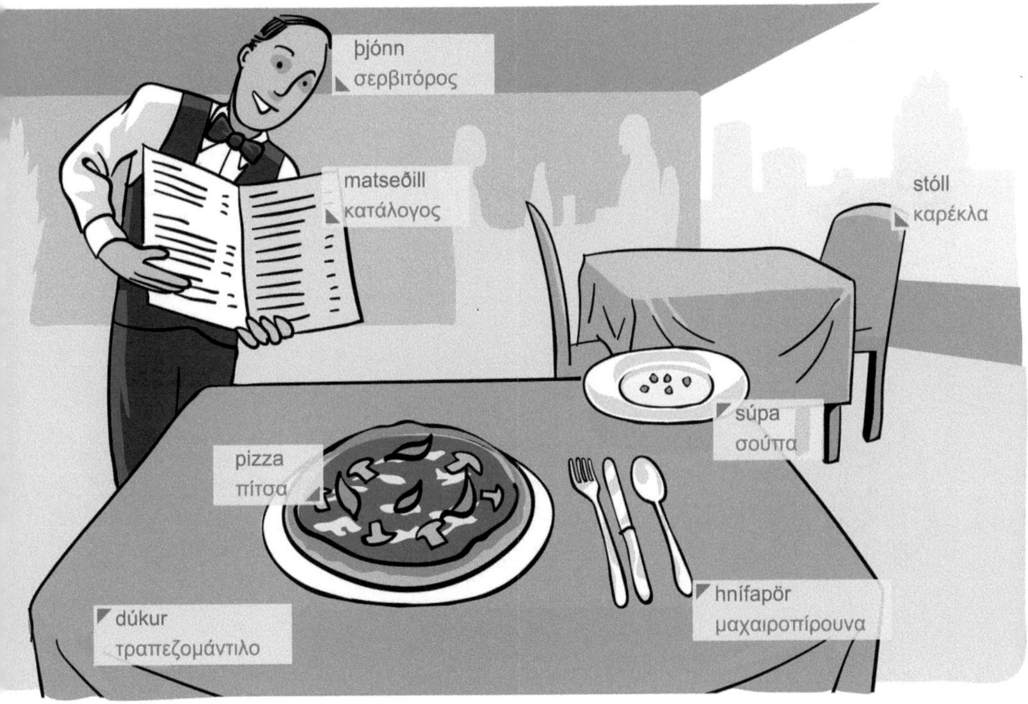
þjónn
σερβιτόρος
matseðill
κατάλογος
stóll
καρέκλα
súpa
σούπα
pizza
πίτσα
hnífapör
μαχαιροπίρουνα
dúkur
τραπεζομάντιλο

forréttur

ορεκτικό

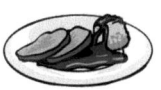

aðalréttur

κύριο πιάτο

eftirréttur

επιδόρπιο

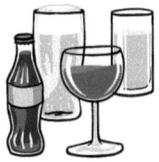

drykkir

ποτά

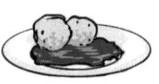

matur

φαγητό

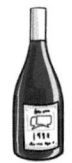

flaska

μπουκάλι

skyndibiti

φαστ φουντ

götumatur

φαγητό στ' όρθιο

teketill

τσαγιέρα

sykurskál

δοχείο ζάχαρης

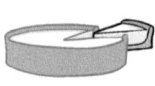

skammtur

μερίδα

espressovél

μηχανή εσπρέσο

barnastóll

ψηλή καρέκλα

reikningur

λογαριασμός

bakki

δίσκος

hnífur

μαχαίρι

gaffall

πιρούνι

skeið

κουτάλι

teskeið

κουταλάκι του τσαγιού

servíetta

πετσέτα φαγητού

glas

ποτήρι

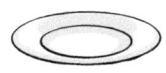

diskur
πιάτο

súpudiskur
πιάτο σούπας

undirskál
πιατάκι φλιτζανιού

sósa
σάλτσα

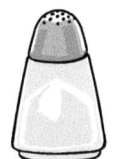

saltstaukur
αλατιέρα

piparkvörn
μύλος για πιπέρι

edik
ξύδι

olía
λάδι

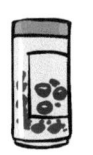

krydd
μπαχαρικά

tómatsósa
κέτσαπ

sinnep
μουστάρδα

majónes
μαγιονέζα

kjörbúð

σούπερ μάρκετ

tilboð
προσφορά
FOR
viðskiptavinur
πελάτης
mjólkurvörur
γαλακτοκομικά προϊόντα
ávöxtur
φρούτα
búðarkerra
καρότσι για ψώνια

BUTCHERS

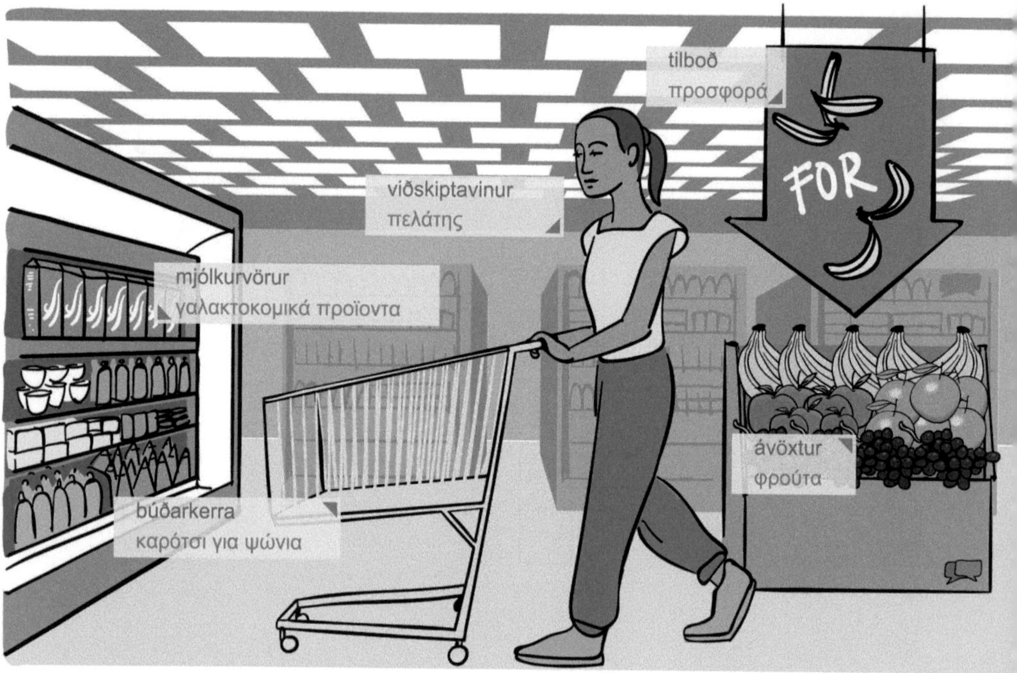

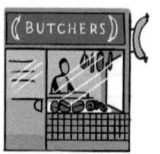

slátrari

κρεοπωλείο

BAKERY

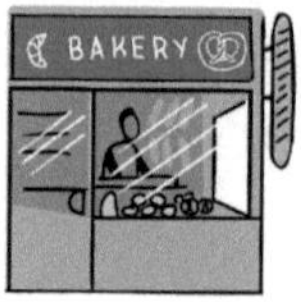

bakarí

φούρνος

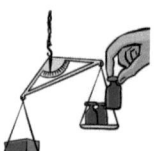

vega

ζυγίζω

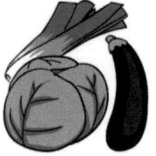

grænmeti

λαχανικά

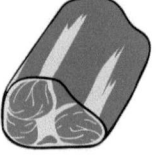

kjöt

κρέας

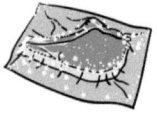

frosinn matur

κατεψυγμένα τρόφιμα

kjötálegg

αλλαντικά

niðursoðinn matur

κονσερβοποιημένη τροφή

þvottaefni

απορρυπαντικό ρούχων

sælgæti

γλυκά

vörur til heimilisnota

οικιακά είδη

hreinsiefni

καθαριστικά προϊόντα

afgreiðslukona

πωλήτρια

afgreiðslukassi

ταμείο

gjaldkeri

ταμίας

innkaupalisti

λίστα για ψώνια

opnunartímar

ωράριο λειτουργίας

veski

πορτοφόλι

kreditkort

πιστωτική κάρτα

poki

τσάντα

plastpoki

πλαστική σακούλα

vatn

νερό

safi

χυμός

mjólk

γάλα

kók

κόκα κόλα

vín

κρασί

bjór

μπίρα

áfengi

αλκοόλ

kakó

κακάο

te

τσάι

kaffi

καφές

espresso

εσπρέσο

kaffi

καπουτσίνο

banani

μπανάνα

epli

μήλο

appelsínugulur

πορτοκάλι

melóna

πεπόνι

sítróna

λεμόνι

gulrót

καρότο

hvítlaukur

σκόρδο

bambus

μπαμπού

laukur

κρεμμύδι

sveppir

μανιτάρι

hnetur

ξηροί καρποί

núðlur

νουντλς

spagettí

μακαρόνια

hrísgrjón

ρύζι

salat

σαλάτα

franskar kartöflur

πατατάκια

steiktar kartöflur

τηγανητές πατάτες

pizza

πίτσα

hamborgari

χάμπουργκερ

samloka

σάντουιτς

snitsel

κοτολέτα

skinka

ζαμπόν

salami

σαλάμι

pylsa

λουκάνικο

kjúklingur

κοτόπουλο

steik

ψητό

fiskur

ψάρι

haframjöl

χυλός βρώμης

músli

μούσλι

kornflögur

κορν φλέικς

hveiti

αλεύρι

franskt horn

κρουασάν

smábrauð

ψωμάκι

brauð

ψωμί

ristað brauð

τοστ

kex

μπισκότα

smjör

βούτυρο

ystingur

τυρόπηγμα

kaka

κέικ

egg

αυγό

spælt egg

τηγανητό αυγό

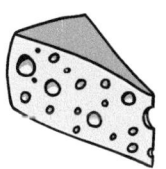

ostur

τυρί

matur - φαγητό

ís
παγωτό

sykur
ζάχαρη

hunang
μέλι

sulta
μαρμελάδα

súkkulaðiálegg
άλλειμμα σοκολάτας

karrý
κάρυ

bær
αγρόκτημα

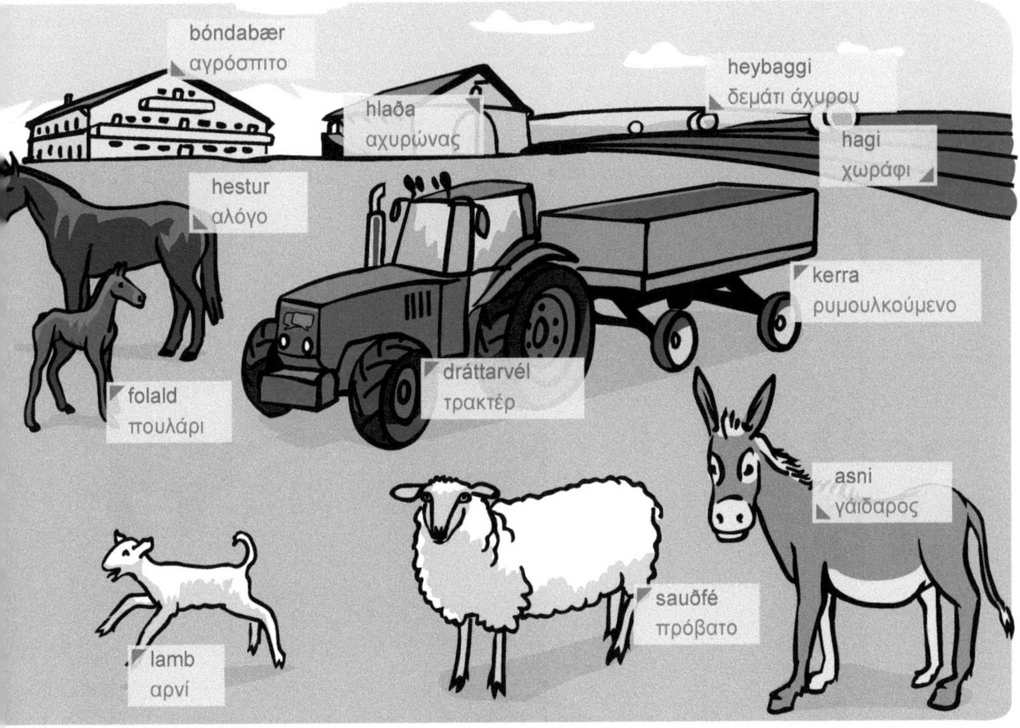

bóndabær
αγρόσπιτο
hlaða
αχυρώνας
heybaggi
δεμάτι άχυρου
hagi
χωράφι
hestur
αλόγο
kerra
ρυμουλκούμενο
folald
πουλάρι
dráttarvél
τρακτέρ
asni
γάιδαρος
sauðfé
πρόβατο
lamb
αρνί

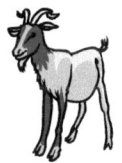

geit
κατσίκα

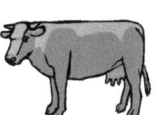

kýr
αγελάδα

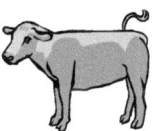

kálfur
μοσχαράκι

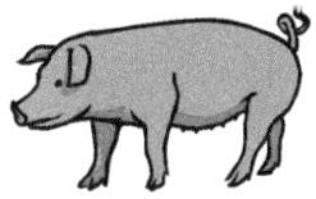

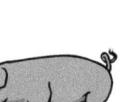

svín
γουρούνι

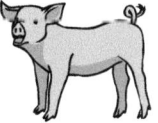

grís
γουρουνάκι

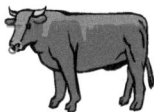

naut
ταύρος

gæs

χήνα

önd

πάπια

ungi

κοτοπουλάκι

hæna

κότα

hani

κόκορας

rotta

αρουραίος

köttur

γάτα

mús

ποντίκι

uxi

βόδι

hundur

σκύλος

hundakofi

σπιτάκι σκύλου

garðslanga

λάστιχο κήπου

garðkanna

ποτιστήρι

ljár

θεριστήρι

plógur

αλέτρι

bær - αγρόκτημα

sigð

δρεπάνι

hlújárn

τσάπα

heygaffall

δίκρανο

öxi

τσεκούρι

hjólbörur

χειράμαξα

trog

ταΐστρα

mjólkurfata

δοχείο γάλακτος

poki

σάκος

girðing

φράχτης

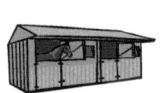

gripahús

στάβλος

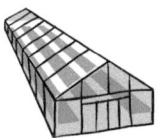

gróðurhús

θερμοκήπιο

jarðvegur

έδαφος

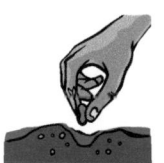

fræ

σπόρος

áburður

λίπασμα

kornskurðarvél

θεριζοαλωνιστική μηχανή

uppskera

θερίζω

uppskera

συγκομιδή

kínverskar kartöflur

γιαμς

hveiti

σιτάρι

soja

σόγια

kartafla

πατάτα

maís

καλαμπόκι

repja

κράμβη

ávaxtatré

οπωροφόρο δέντρο

maníókarót

μανιόκα

korn

δημητριακά

hús
σπίτι

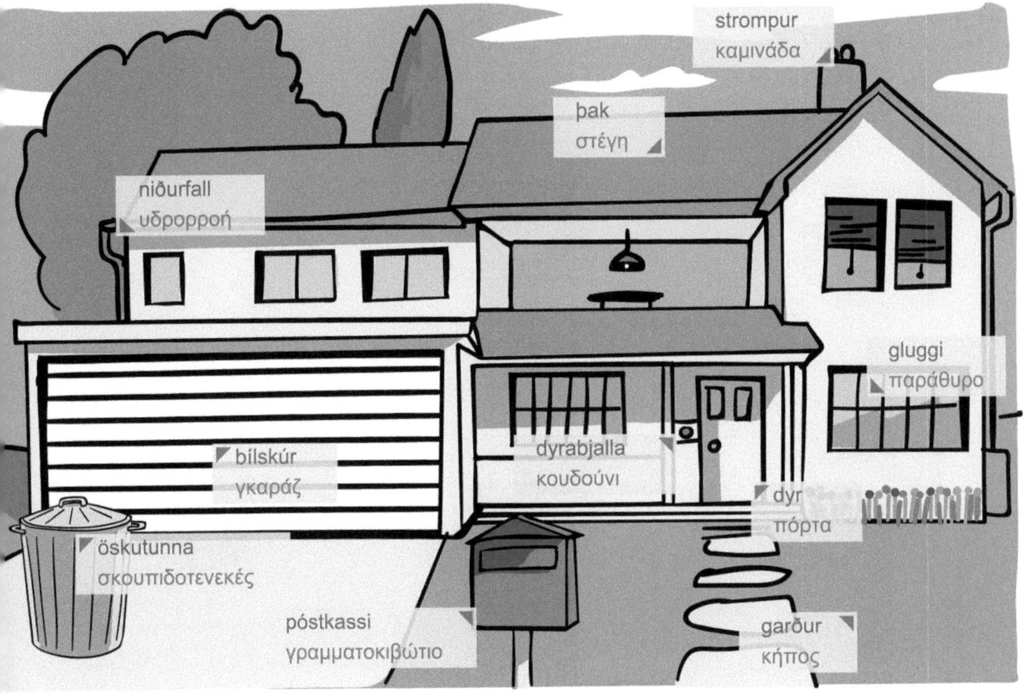
strompur
καμινάδα
þak
στέγη
niðurfall
υδρορροή
gluggi
παράθυρο
bílskúr
γκαράζ
dyrabjalla
κουδούνι
dyr
πόρτα
öskutunna
σκουπιδοτενεκές
póstkassi
γραμματοκιβώτιο
garður
κήπος

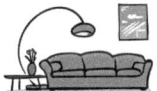

stofa

σαλόνι

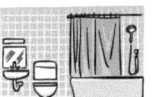

baðherbergi

μπάνιο

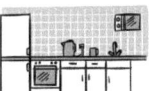

eldhús

κουζίνα

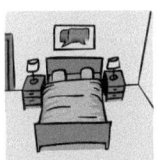

svefnherbergi

υπνοδωμάτιο

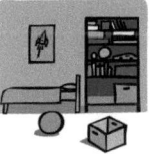

barnaherbergi

παιδικό δωμάτιο

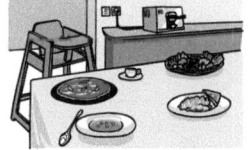

borðstofa

τραπεζαρία

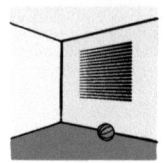

gólf

πάτωμα

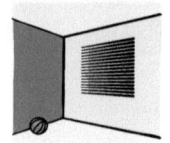

veggur

τοίχος

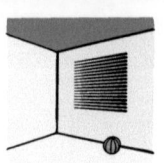

loft

οροφή

kjallari

κελάρι

gufubað

σάουνα

svalir

μπαλκόνι

verönd

βεράντα

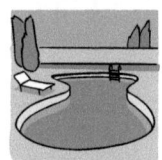

sundlaug

πισίνα

sláttuvél

μηχανή του γκαζόν

lak

σεντόνι

rúmteppi

κάλυμμα κρεβατιού

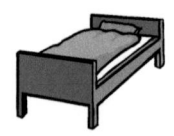

rúm

κρεβάτι

kústur

σκούπα

fata

κουβάς

rofi

διακόπτης

stofa
σαλόνι

veggfóður
ταπετσαρία
ljósmynd
φωτογραφία
lampi
λάμπα
hilla
ράφι
skápur
ντουλάπι
sjónvarp
τηλεόραση
arinn
τζάκι
blóm
λουλούδι
púði
μαξιλάρι
sófi
καναπές
vasi
βάζο
fjarstýring
τηλεκοντρόλ

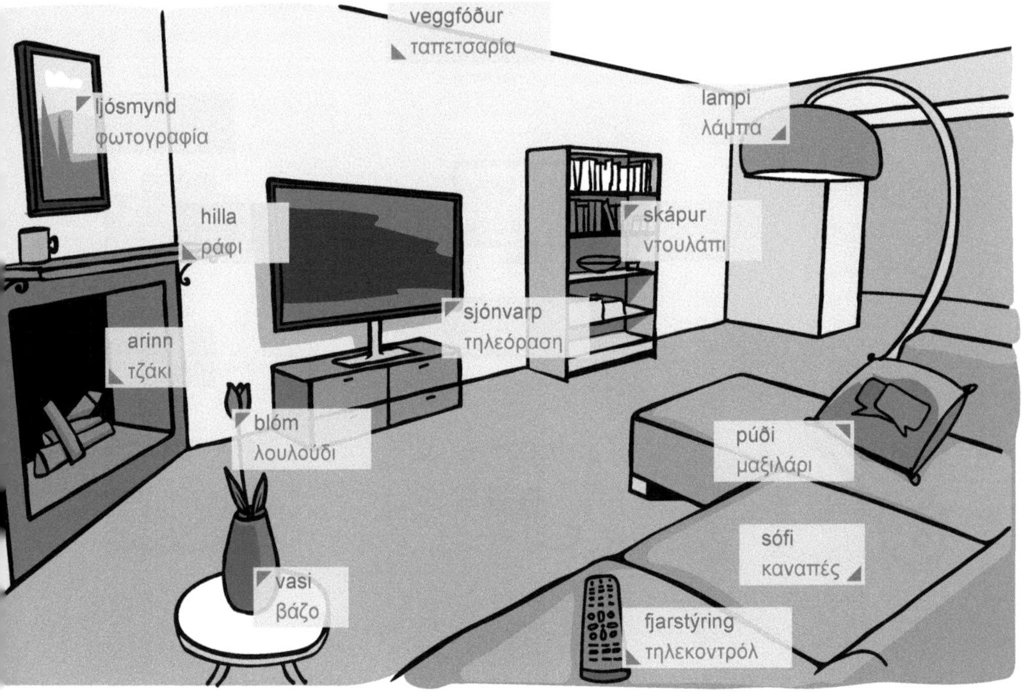

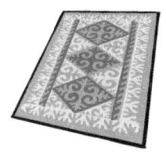

teppi
χαλί

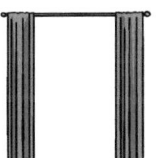

gardínur
κουρτίνα

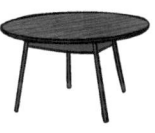

borð
τραπέζι

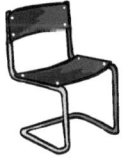

stóll
καρέκλα

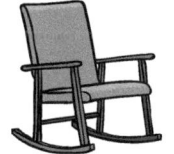

ruggustóll
κουνιστή πολυθρόνα

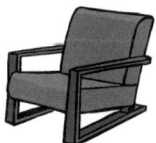

hægindastóll
πολυθρόνα

bók

βιβλίο

sæng

κουβέρτα

skraut

διακόσμηση

eldiviður

καυσόξυλα

mynd

ταινία

hljómflutningstæki

στερεοφωνικό σύστημα

lykill

κλειδί

dagblað

εφημερίδα

málverk

πίνακας ζωγραφικής

veggspjald

αφίσα

útvarp

ραδιόφωνο

minnisbók

σημειωματάριο

ryksuga

ηλεκτρική σκούπα

kaktus

κάκτος

kerti

κερί

eldhús
κουζίνα

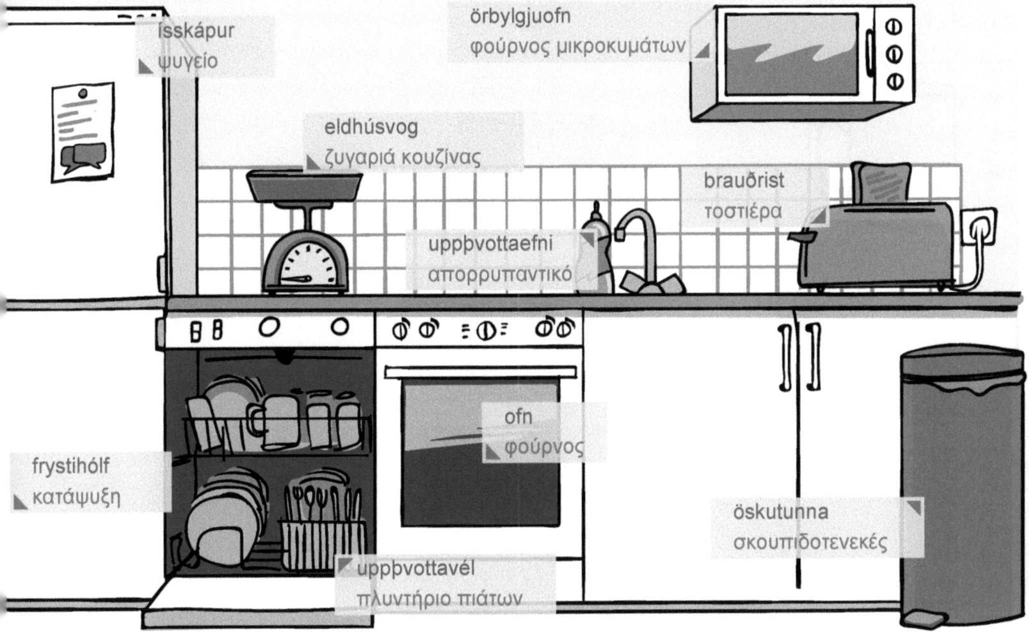

ísskápur
ψυγείο
örbylgjuofn
φούρνος μικροκυμάτων
eldhúsvog
ζυγαριά κουζίνας
brauðrist
τοστιέρα
uppþvottaefni
απορρυπαντικό
ofn
φούρνος
frystihólf
κατάψυξη
öskutunna
σκουπιδοτενεκές
uppþvottavél
πλυντήριο πιάτων

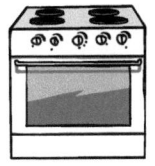

eldavél

κουζίνα

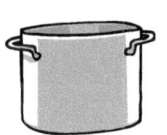

pottur

κατσαρόλα

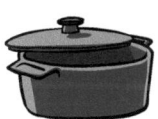

steypujárnspottur

μαντεμένια κατσαρόλα

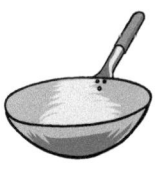

wok/kadai

γουόκ/καντάι

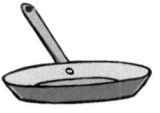

panna

τηγάνι

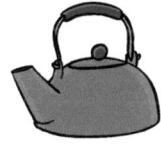

ketill

βραστήρας

gufukarfa

ατμομάγειρας

ofnform

ταψί

leirtau

πιατικά

mál

κούπα

skál

μπολ

prjónar

ξυλάκια

ausa

κουτάλα

spaði

σπάτουλα

pískur

ανακατεύω

sigti

σουρωτήρι

málmsigti

σουρωτηράκι

rifjárn

τρίφτης

mortél

γουδί

grill

ψησταριά

opinn eldur

ανοιχτή φωτιά

skurðarbretti

σανίδα κοπής

kökukefli

πλάστης

tappatogari

ανοιχτήρι φελλών

dós

κονσέρβα

dósaopnari

ανοιχτήρι κονσέρβας

pottaleppur

γάντι φούρνου

vaskur

νεροχύτης

bursti

βούρτσα

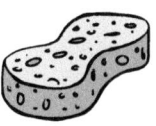

svampur

σφουγγάρι

blandari

μπλέντερ

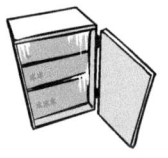

frystir

καταψύκτης

peli

μπιμπερό

blöndunartæki

βρύση

eldhús - κουζίνα

baðherbergi
μπάνιο

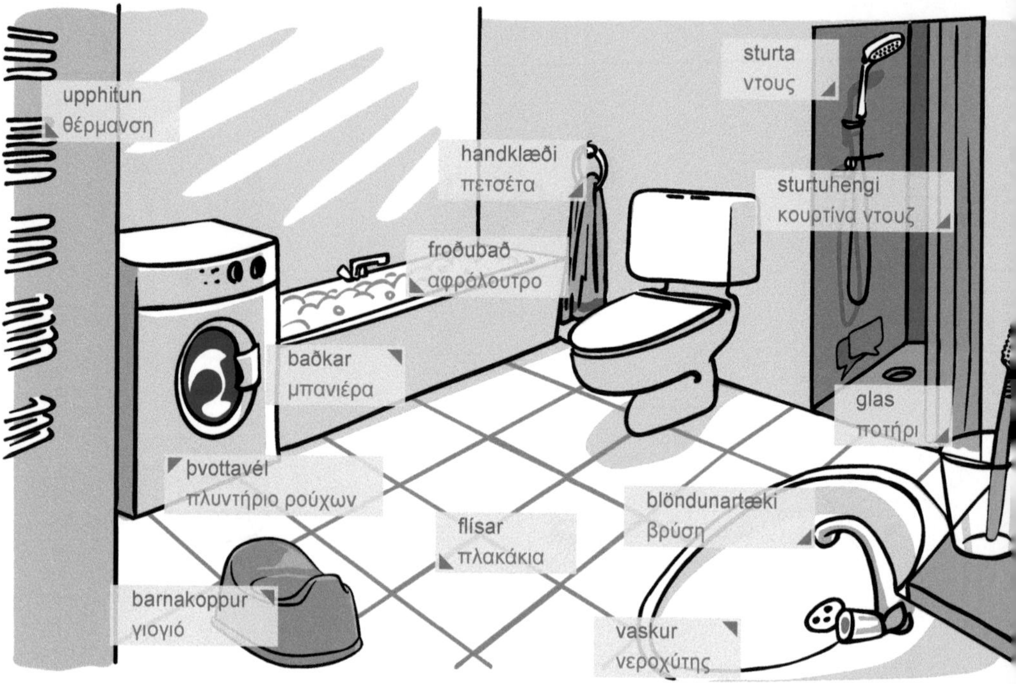

upphitun
θέρμανση
sturta
ντους
handklæði
πετσέτα
sturtuhengi
κουρτίνα ντουζ
froðubað
αφρόλουτρο
baðkar
μπανιέρα
glas
ποτήρι
þvottavél
πλυντήριο ρούχων
blöndunartæki
βρύση
flísar
πλακάκια
barnakoppur
γιογιό
vaskur
νεροχύτης

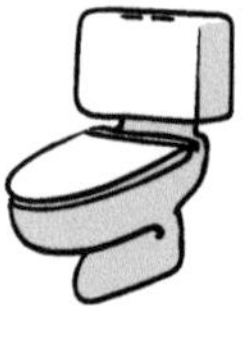

salerni

τουαλέτα

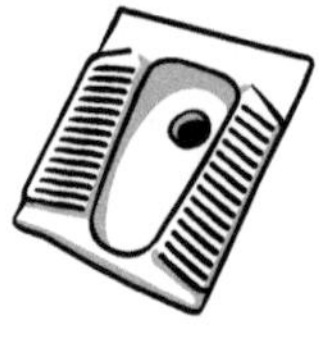

salerni án setu

τούρκικη τουαλέτα

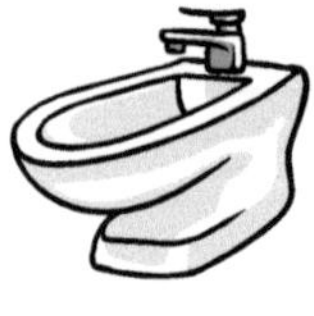

skolskál

μπιντές

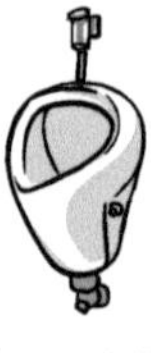

þvagskál

ουρητήριο

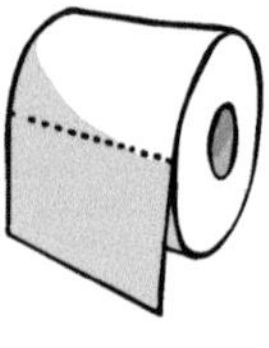

salernispappír

χαρτί υγείας

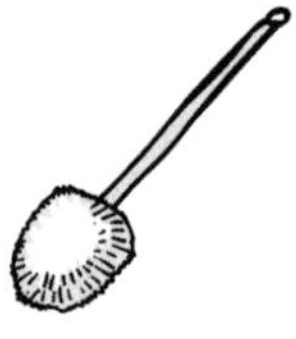

salernisbursti

πιγκάλ

tannbursti

οδοντόβουρτσα

tannkrem

οδοντόκρεμα

tannþráður

οδοντικό νήμα

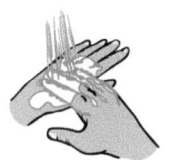

þvo

πλένω

handsturta

τηλέφωνο ντους

salernissturta

ντουσιέρα

vaskur

λεκάνη

bakbursti

βούρτσα πλάτης

sápa

σαπούνι

sturtugel

αφρόλουτρο

sjampó

σαμπουάν

flannel

φανέλα

niðurfall

σιφόνι

krem

κρέμα

svitalyktareyðir

αποσμητικό

spegill

καθρέφτης

handspegill

καθρέφτης χειρός

rakskafa

ξυραφάκι

raksápa

αφρός ξυρίσματος

rakspíri

αφτερσέιβ

greiða

χτένα

bursti

βούρτσα

hárþurrka

σεσουάρ

hársprey

λακ

farði

μακιγιάζ

varalitur

κραγιόν

naglalakk

βερνίκι νυχιών

bómull

βαμβάκι

naglaklippur

ψαλίδι νυχιών

ilmvatn

άρωμα

þvottapoki

νεσεσέρ

kollur

σκαμπό

vog

ζυγαριά

sloppur

μπουρνούζι

gúmmíhanskar

ελαστικά γάντια

tíðatappi

ταμπόν

dömubindi

πετσέτα υγιεινής

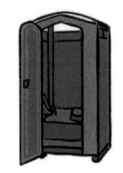

efnasalerni

χημική τουαλέτα

barnaherbergi

παιδικό δωμάτιο

vekjaraklukka
ξυπνητήρι
mjúkt leikfang
λούτρινο ζωάκι
leikfangabíll
αυτοκινητάκι
hrista
κουδουνίστρα
dúkkuhús
κουκλόσπιτο
gjöf
δώρο

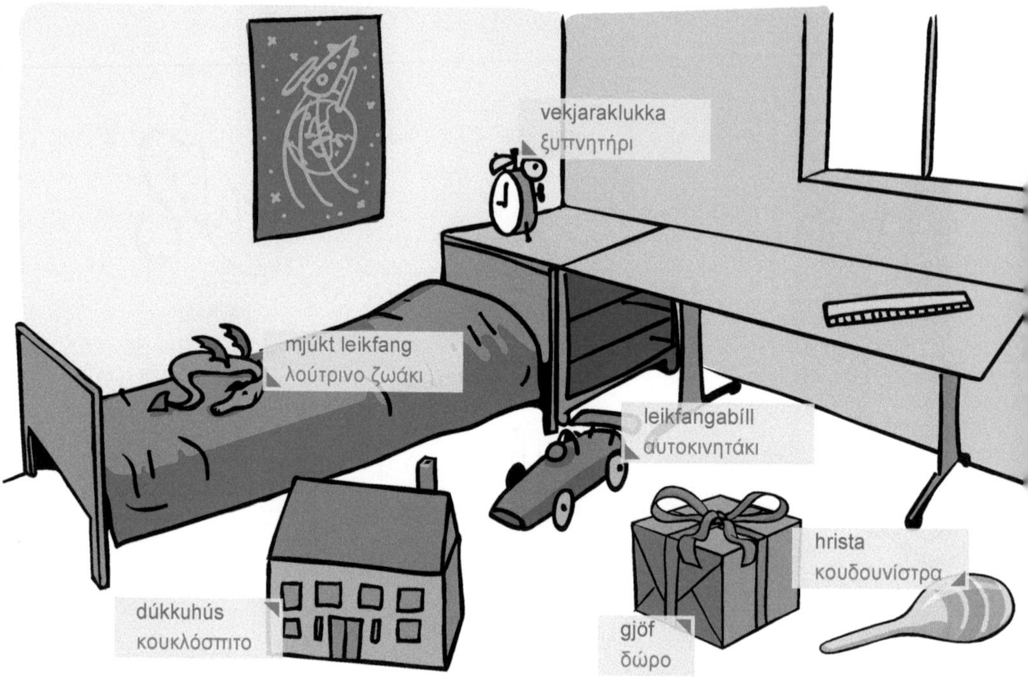

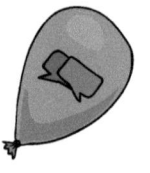

blaðra

μπαλόνι

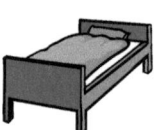

rúm

κρεβάτι

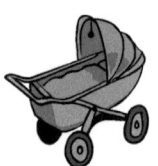

barnavagn

καροτσάκι

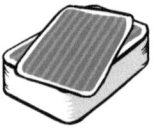

spilastokkur

τράπουλα

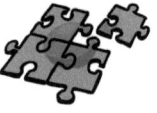

púsluspil

παζλ

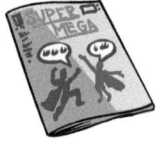

myndasaga

κόμικς

legókubbar

τουβλάκια lego

leikfangakubbar

τουβλάκια κατασκευών

leikfangakall

φιγούρα δράσης

samfestingur

βρεφικό φορμάκι

Frisbídiskur

φρίσμπι

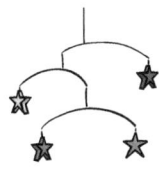

óró

μόμπιλο

spilaborð

επιτραπέζιο παιχνίδι

teningar

ζάρια

lestarlíkan

σετ τρενάκι

snuð

πιπίλα

veisla

πάρτι

myndabók

εικονογραφημένο βιβλίο

bolti

μπάλα

brúða

κούκλα

spila

παίζω

sandkassi

σκάμμα με άμμο

sveifla

κούνια

leikföng

παιχνίδια

leikjatölva

κονσόλα βιντεοπαιχνιδιών

þríhjól

τρίκυκλο

bangsi

αρκουδάκι

fataskápur

ντουλάπα

föt

ρούχα

sokkar

κάλτσες

kvensokkabuxur

καλτσοδέτες

sokkabuxur

καλσόν

trefill
κασκόλ

regnhlíf
ομπρέλα

belti
ζώνη

stuttermabolur
μπλουζάκι

skór
μπότες

inniskór
παντόφλες

strigaskór
αθλητικά παπούτσια

sandalar
σανδάλια

skór
παπούτσια

gúmmístígvél
γαλότσες

nærbuxur
εσώρουχο

brjóstahaldari
σουτιέν

vesti
φανέλα

samfella

σώμα

buxur

παντελόνι

gallabuxur

τζιν παντελόνι

pils

φούστα

blússa

μπλούζα

skyrta

πουκάμισο

peysa

πουλόβερ

hettupeysa

πουλόβερ

jakki

σακάκι

jakki

μπουφάν

frakki

παλτό

regnfrakki

αδιάβροχο πανωφόρι

dragt

κοστούμι

kjóll

φόρεμα

brúðarkjóll

νυφικό

jakkaföt

κοστούμι

náttkjóll

νυχτικό

náttföt

πιτζάμες

Sari

σάρι

höfuðslæða

μαντήλι

túrban

τουρμπάνι

búrka

μπούρκα

kaftan

καφτάνι

abaya

μουσουλμανικό ένδυμα

sundföt

ολόσωμο μαγιό

sundbuxur

ανδρικό μαγιό

stuttbuxur

σορτς

íþróttagalli

αθλητική φόρμα

svunta

ποδιά

hanskar

γάντια

föt - ρούχα

hnappur

κουμπί

gleraugu

γυαλιά

armband

βραχιόλι

hálsmen

περιδέραιο

hringur

δαχτυλίδι

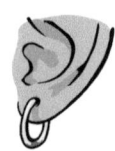

eyrnalokkur

σκουλαρίκι

húfa

καπέλο

herðatré

κρεμάστρα

hattur

καπέλο

bindi

γραβάτα

rennilás

φερμουάρ

hjálmur

κράνος

axlabönd

τιράντες

skólabúningur

μαθητική στολή

einkennisbúningur

στολή

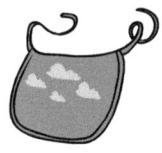

smekkur

σαλιάρα

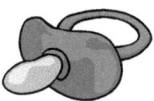

snuð

πιπίλα

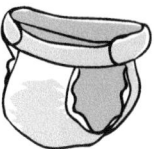

bleyja

πάνα

skrifstofa
γραφείο

netþjónn
σέρβερ
skjalaskápur
αρχειοθήκη
prentari
εκτυπωτής
pappír
χαρτί
skjár
οθόνη
mús
ποντίκι
skrifborð
γραφείο
mappa
ντοσιέ
lyklaborð
πληκτρολόγιο
ruslakarfa
καλάθι αχρήστων
tölva
υπολογιστής
stóll
καρέκλα

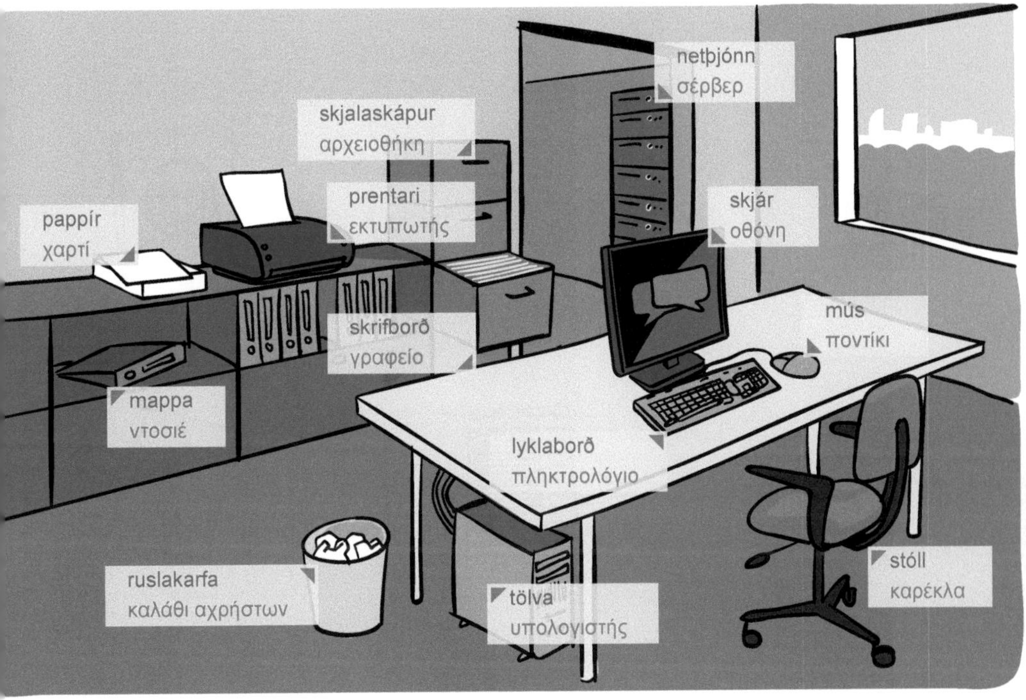

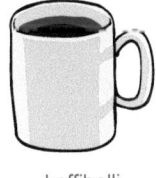

kaffibolli

κούπα του καφέ

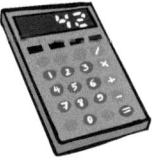

reiknivél

κομπιουτεράκι

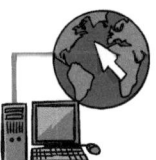

internet

ίντερνετ

fartölva
λάπτοπ

bréf
γράμμα

skilaboð
μήνυμα

farsími
κινητό

net
δίκτυο

ljósritunarvél
φωτοτυπικό μηχάνημα

hugbúnaður
λογισμικό

sími
τηλέφωνο

innstunga
πρίζα

faxtæki
συσκευή φαξ

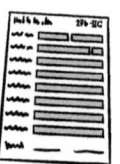

eyðublað
έντυπο

skjal
έγγραφο

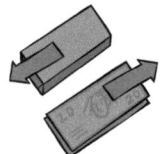

kaupa

αγοράζω

borga

πληρώνω

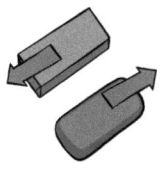

versla

συναλλάσσομαι

peningar

χρήματα

dollari

δολάριο

evra

ευρώ

jen

γιεν

rúbla

ρούβλι

svissneskur franki

ελβετικό φράγκο

renminbi yuan

ρενμίνμπι γιουαν

rúpíur

ρουπία

hraðbanki

ΑΤΜ (αυτόματη ταμειακή μηχανή)

gjaldeyrisskipti

ανταλλακτήρια
συναλλάγματος

gull

χρυσός

silfur

ασήμι

olía

πετρέλαιο

orka

ενέργεια

verð

τιμή

samningur

συμβόλαιο

skattur

φόρος

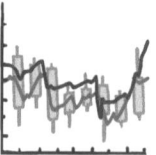

hlutabréf

μετοχή

vinna

δουλεύω

starfsmaður

υπάλληλος

vinnuveitandi

εργοδότης

verksmiðja

εργοστάσιο

búð

κατάστημα

lögreglumaður
αστυνόμος

slökkviliðsmaður
πυροσβέστης

kokkur
μάγειρας

læknir
γιατρός

flugmaður
πιλότος

garðyrkjumaður

κηπουρός

smiður

ξυλουργός

saumakona

μοδίστρα

dómari

δικαστής

lyfjafræðingur

χημικός

leikari

ηθοποιός

strætóbílstjóri

οδηγός λεωφορείου

leigubílstjóri

ταξιτζής

sjómaður

ψαράς

ræstitæknir

καθαρίστρια

þaksmiður

τεχνίτης στεγών

þjónn

σερβιτόρος

veiðimaður

κυνηγός

málari

ζωγράφος

bakari

αρτοποιός

rafvirki

ηλεκτρολόγος

byggingaverkamaður

οικοδόμος

verkfræðingur

μηχανολόγος

slátrari

κρεοπώλης

pípari

υδραυλικός

póstmaður

ταχυδρόμος

hermaður
στρατιώτης

arkitekt
αρχιτέκτονας

gjaldkeri
ταμίας

blómasali
ανθοπώλης

hárgreiðslumaður
κομμωτής

lestarstjóri
ελεγκτής εισιτηρίων

vélvirki
μηχανικός

skipstjóri
καπετάνιος

tannlæknir
οδοντίατρος

vísindamaður
επιστήμονας

rabbíi
ραβίνος

Imam
ιμάμης

munkur
μοναχός

prestur
ιερέας

verkfæri
εργαλεία

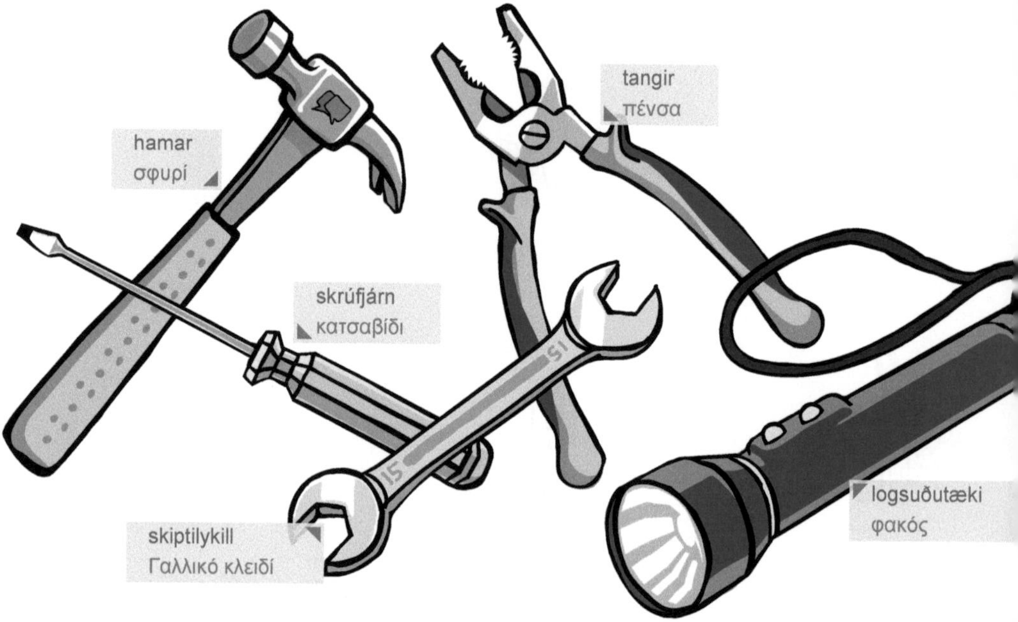
hamar
σφυρί
tangir
πένσα
skrúfjárn
κατσαβίδι
skiptilykill
Γαλλικό κλειδί
logsuðutæki
φακός

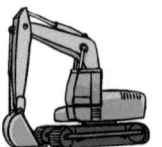

grafa

εκσκαφέας

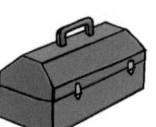

verkfærataska

εργαλειοθήκη

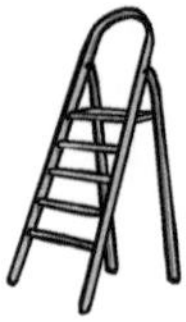

stigi

σκάλα

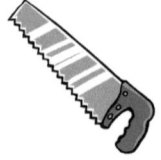

sög

πριόνι

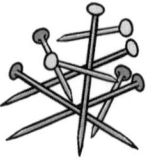

naglar

καρφιά

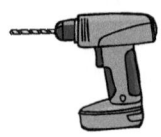

bor

τρυπάνι

gera við
....
επισκευάζω

skófla
....
φτυάρι

Fjandinn!
....
Να πάρει!

fægiskófla
....
φαράσι

málningarfata
....
δοχείο χρωμάτων

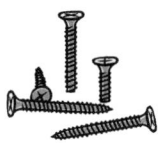

skrúfur
....
βίδες

hljóðfæri
μουσικά όργανα

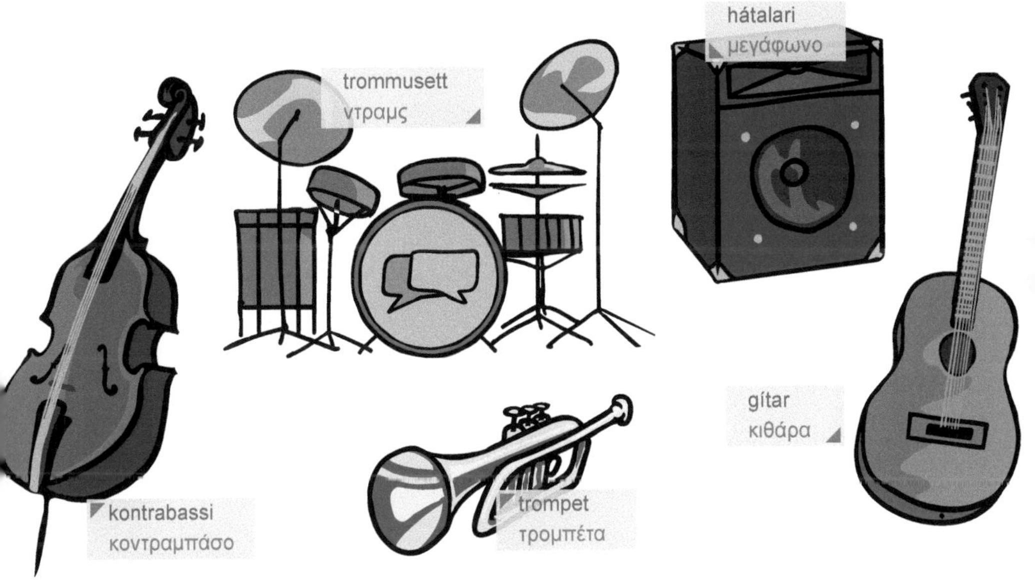

hátalari
μεγάφωνο

trommusett
ντραμς

gítar
κιθάρα

kontrabassi
κοντραμπάσο

trompet
τρομπέτα

píanó

πιάνο

fiðla

βιολί

bassi

μπάσο

pákur

τύμπανα

trommur

τύμπανο

hljómborð

πλήκτρα

saxófónn

σαξόφωνο

flauta

φλάουτο

hljóðnemi

μικρόφωνο

dýragarður
ζωολογικός κήπος

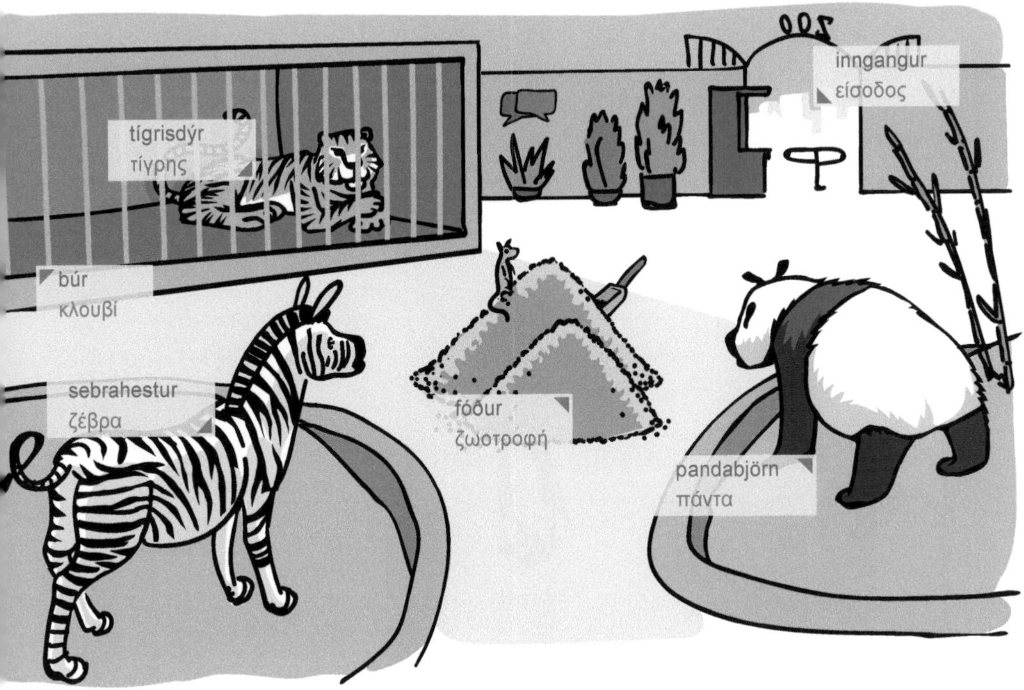

ZOO
inngangur
είσοδος
tígrisdýr
τίγρης
búr
κλουβί
sebrahestur
ζέβρα
fóður
ζωοτροφή
pandabjörn
πάντα

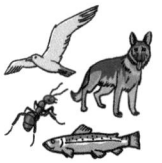

dýr
ζώα

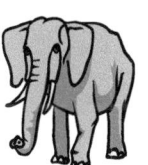

fíll
ελέφαντας

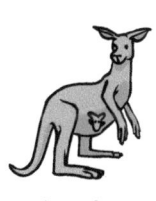

kengúra
καγκουρό

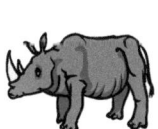

nashyrningur
ρινόκερος

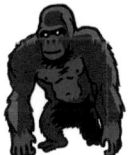

górilla
γορίλας

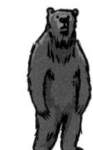

skógarbjörn
αρκούδα

úlfaldi

καμήλα

strútur

στρουθοκάμηλος

ljón

λιοντάρι

api

πίθηκος

flamingó

φλαμίνγκο

páfagaukur

παπαγάλος

ísbjörn

πολική αρκούδα

mörgæs

πιγκουίνος

hákarl

καρχαρίας

páfugl

παγώνι

snákur

φίδι

krókódíll

κροκόδειλος

dýragarðsvörður

φύλακας ζωολογικού κήπου

selur

φώκια

jagúar

τζάγκουαρ

hestur

πόνυ

hlébarði

λεοπάρδαλη

flóðhestur

ιπποπόταμος

gíraffi

καμηλοπάρδαλη

örn

αετός

villisvín

αγριογούρουνο

fiskur

ψάρι

skjaldbaka

χελώνα

rostungur

θαλάσσιος ίππος

refur

αλεπού

gasella

γαζέλα

Ameríkskur fótbolti
Αμερικάνικο ποδόσφαιρο

hjólreiðar
ποδηλασία

tennis
αντισφαίριση

körfubolti
μπάσκετ

sund
κολύμβηση

hnefaleikar
πυγμαχία

íshokkí
χόκεϋ επί πάγου

fótbolti

ποδόσφαιρο

hnit

μπάντμιντον

frjálsar íþróttir

στίβος

handbolti

χάντμπολ

skíði

σκι

póló

πόλο

athafnir
δραστηριότητες

hoppa
πηδάω
faðma
αγκαλιάζω
hlæja
γελάω
ganga
περπατάω
syngja
τραγουδάω
dreyma
ονειρεύομαι
biðja
προσεύχομαι
kyssa
φιλάω

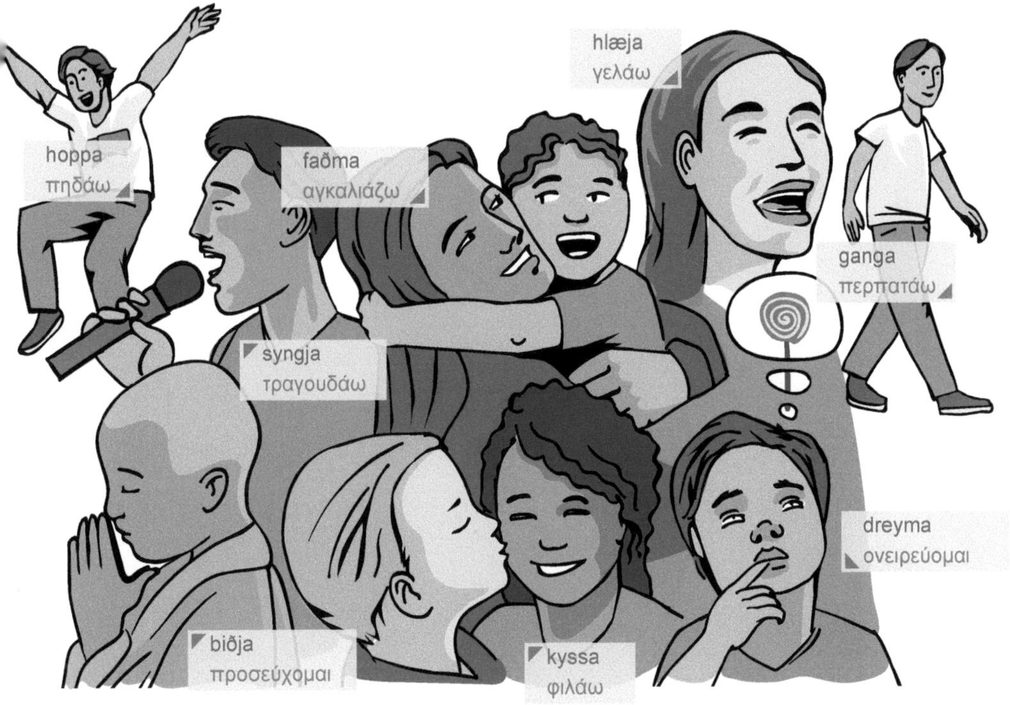

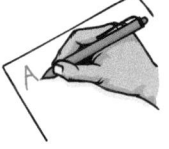

skrifa
γράφω

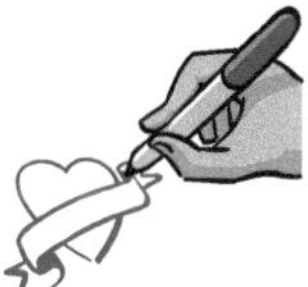

teikna
σχεδιάζω

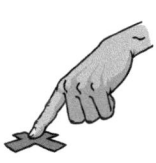

sýna
δείχνω

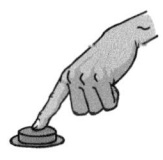

ýta
πιέζω

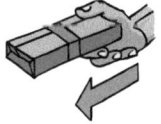

gefa
δίνω

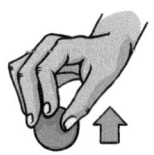

taka
παίρνω

hafa
έχω

gera
κάνω

vera
είμαι

standa
στέκομαι

hlaupa
τρέχω

draga
τραβάω

kasta
ρίχνω

detta
πέφτω

ljúga
ξαπλώνω

bíða
περιμένω

bera
κουβαλώ

sitja
κάθομαι

klæða sig
φοράω

sofa
κοιμάμαι

vakna
ξυπνάω

líta á
κοιτάω

gráta
κλαίω

strjúka
χαϊδεύω

greiða
χτενίζω

tala
μιλάω

skilja
καταλαβαίνω

spyrja
ρωτάω

hlusta
ακούω

drekka
πίνω

borða
τρώω

taka til
συγυρίζω

elska
αγαπάω

elda
μαγειρεύω

keyra
οδηγώ

fljúga
πετάω

sigla

κάνω ιστιοπλοΐα

reikna

υπολογίζω

lesa

διαβάζω

læra

μαθαίνω

vinna

δουλεύω

giftast

παντρεύομαι

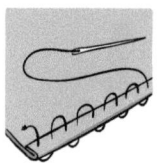

sauma

ράβω

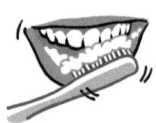

bursta tennur

βουρτσίζω τα δόντια

drepa

σκοτώνω

reykja

καπνίζω

senda

στέλνω

fjölskylda
οικογένεια

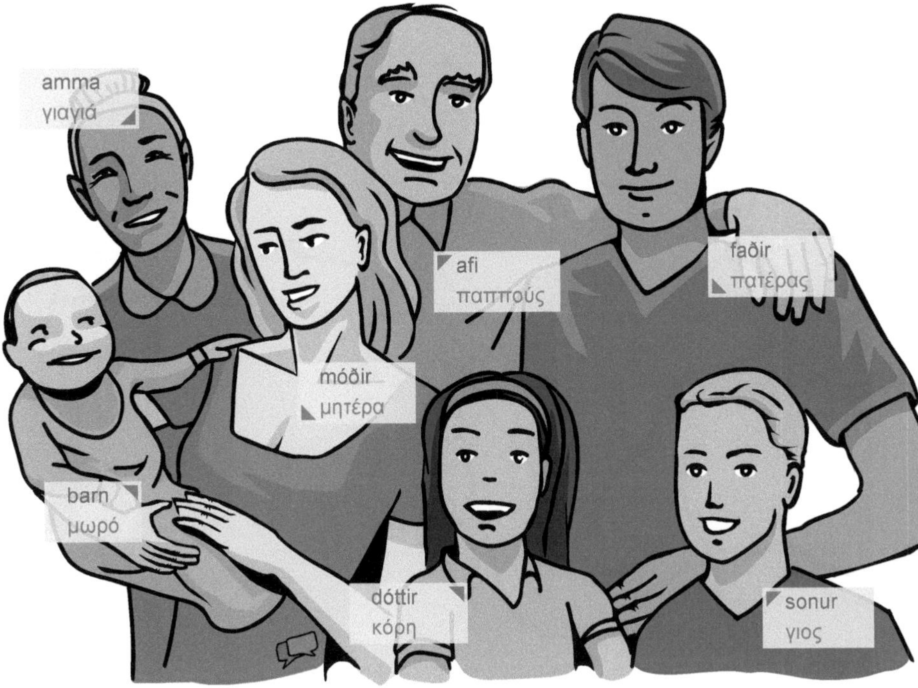
amma
γιαγιά
afi
παππούς
faðir
πατέρας
móðir
μητέρα
barn
μωρό
dóttir
κόρη
sonur
γιος

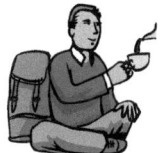

gestur

καλεσμένος

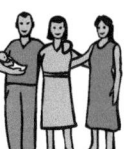

frænka

θεία

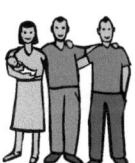

frændi

θείος

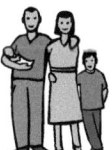

bróðir

αδελφός

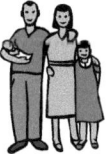

systir

αδελφή

líkami

σώμα

enni
μέτωπο
auga
μάτι
öxl
ώμος
fingur
δάχτυλο
andlit
πρόσωπο
haka
πιγούνι
hönd
χέρι
brjóst
στήθος
fótleggur
πόδι
handleggur
βραχίονας

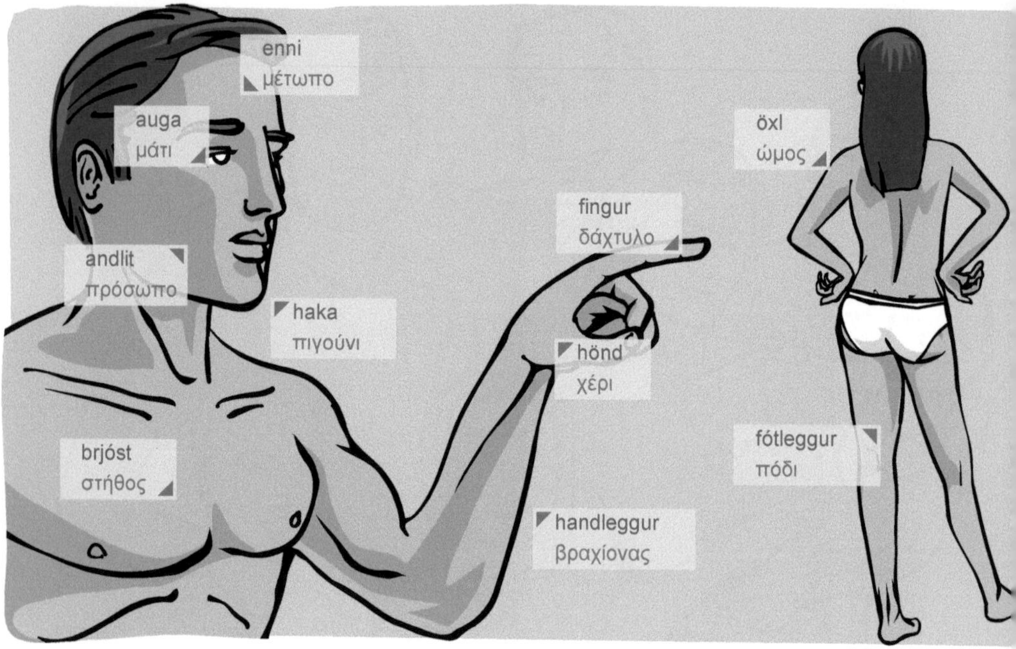

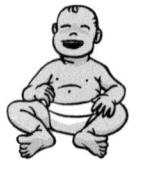

barn
μωρό

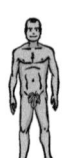

maður
άνδρας

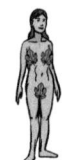

kona
γυναίκα

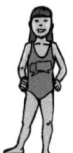

stúlka
κορίτσι

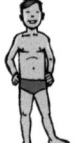

drengur
αγόρι

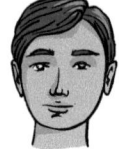

höfuð
κεφάλι

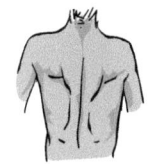

bak
....
πλάτη

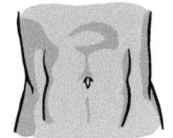

kviður
....
κοιλιά

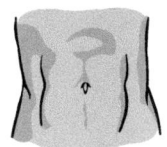

nafli
....
αφαλός

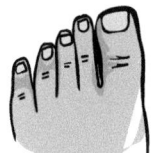

tá
....
δάχτυλο ποδιού

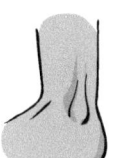

hæll
....
φτέρνα

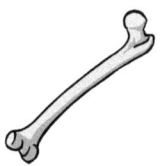

bein
....
κόκκαλο

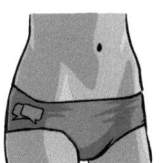

mjöðm
....
γοφός

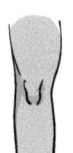

hné
....
γόνατο

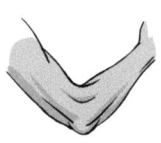

olnbogi
....
αγκώνας

nef
....
μύτη

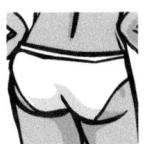

rass
....
γλουτός

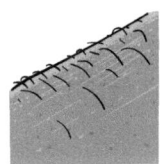

húð
....
δέρμα

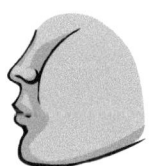

kinn
....
μάγουλο

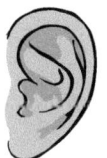

eyra
....
αυτί

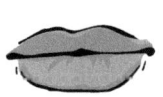

vör
....
χείλος

munnur

στόμα

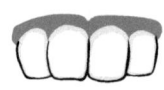

tönn

δόντι

tunga

γλώσσα

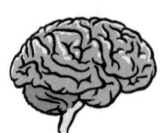

heili

εγκέφαλος

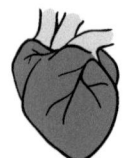

hjarta

καρδιά

vöðvi

μυς

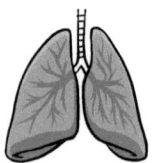

lunga

πνεύμονας

lifur

συκώτι

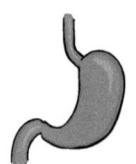

magi

στομάχι

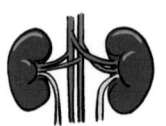

nýru

νεφρά

kynmök

σεξουαλική επαφή

smokkur

προφυλακτικό

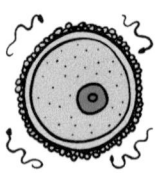

eggfruma

ωάριο

sæði

σπέρμα

ólétta

εγκυμοσύνη

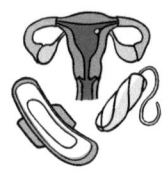

tíðir

περίοδος

leggöng

γυναικείος κόλπος

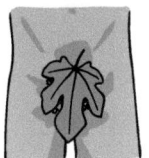

typpi

πέος

augabrún

φρύδι

hár

μαλλιά

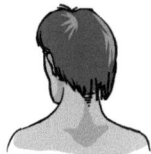

háls

λαιμός

sjúkrahús

νοσοκομείο

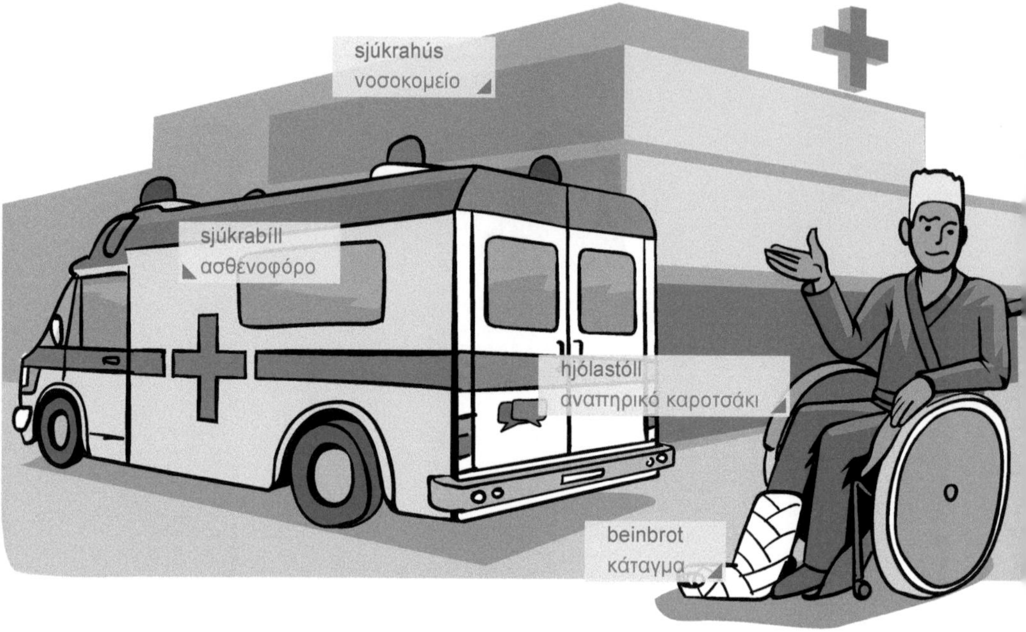

sjúkrahús
νοσοκομείο
sjúkrabíll
ασθενοφόρο
hjólastóll
αναπηρικό καροτσάκι
beinbrot
κάταγμα

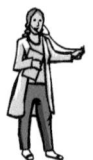

læknir

γιατρός

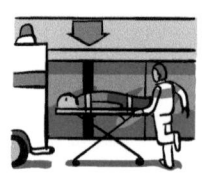

bráðamóttaka

μονάδα εντατικής θεραπείας

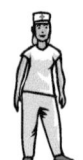

hjúkrunarfræðingur

νοσοκόμα

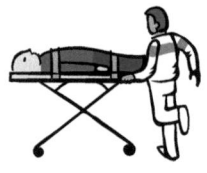

neyðartilvik

έκτακτη ανάγκη

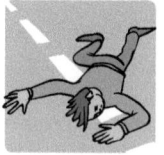

meðvitundarlaus

λιπόθυμος

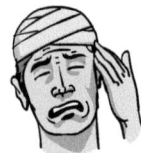

verkir

πόνος

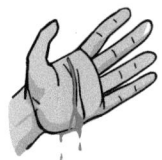

meiðsli

τραύμα

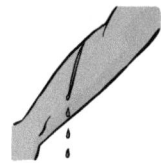

blæðing

αιμορραγία

hjartaáfall

έμφραγμα

heilablóðfall

εγκεφαλικό

ofnæmi

αλλεργία

hósti

βήχας

hiti

πυρετός

flensa

γρίπη

niðurgangur

διάρροια

höfuðverkur

πονοκέφαλος

krabbamein

καρκίνος

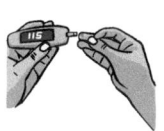

sykursýki

διαβήτης

skurðlæknir

χειρουργός

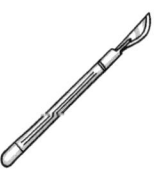

skurðhnífur

νυστέρι

aðgerð

εγχείρηση

sneiðmyndataka

αξονική τομογραφία

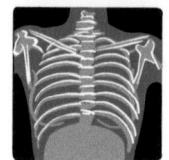

röntgengeisli

ακτινογραφία

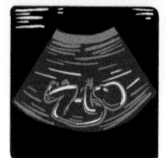

ómskoðun

υπέρηχος

andlitsgríma

μάσκα

sjúkdómur

ασθένεια

biðstofa

αίθουσα αναμονής

hækja

πατερίτσα

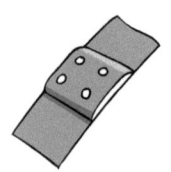

gifs

χάνσαπλαστ

sáraumbúðir

επίδεσμος

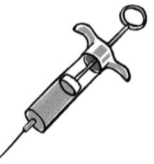

sprauta

ένεση

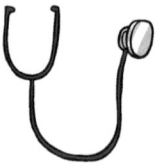

hlustunarpípa

στηθοσκόπιο

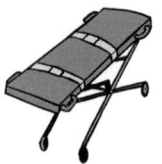

börur

φορείο

líkamshitamælir

θερμόμετρο

fæðing

γέννηση

yfirvigt

υπέρβαρο

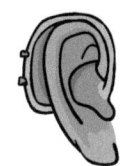

heyrnartæki

ακουστικό βαρηκοΐας

sótthreinsiefni

αντισηπτικό

sýking

λοίμωξη

veira

ιός

HIV / AIDS

HIV/AIDS

lyf

φάρμακο

bólusetning

εμβολιασμός

töflur

δισκία

pilla

χάπι

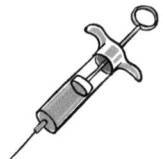

neyðarsímtal

κλήση έκτακτης ανάγκης

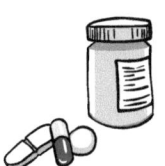

blóðþrýstingsmælir

πιεσόμετρο αίματος

lasinn / heilbrigður

άρρωστος / υγιής

Hjálp! Βοήθεια!	 viðvörun συναγερμός	 líkamsárás βιαιοπραγία
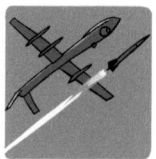 árás επίθεση	 hætta κίνδυνος	 neyðarútgangur έξοδος κινδύνου
Eldur! Φωτιά!	 slökkvitæki πυροσβεστήρας	 slys ατύχημα
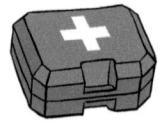 skyndihjálparbúnaður κουτί πρώτων βοηθειών	 SOS SOS	 lögregla αστυνομία

Evrópa

Ευρώπη

Norður-Ameríka

Βόρεια Αμερική

Suður-Ameríka

Νότια Αμερική

Afríka

Αφρική

Asía

Ασία

Ástralía

Αυστραλία

Atlantshaf

Ατλαντικός Ωκεανός

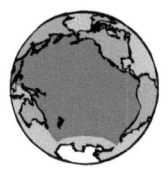

Kyrrahaf

Ειρηνικός Ωκεανός

Indlandshaf

Ινδικός Ωκεανός

Suður-Íshaf

Ανταρκτικός Ωκεανός

Norður-Íshaf

Αρκτικός Ωκεανός

Norðurpóll

Βόρειος Πόλος

Suðurpóll

Νότιος Πόλος

Suðurskautslandið

Ανταρκτική

Jörð

Γη

land

γη

sjór

θάλασσα

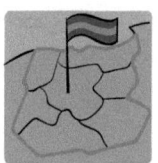

eyja

νησί

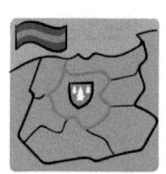

þjóð

έθνος

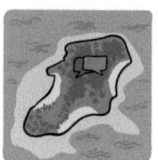

ríki

πολιτεία

klukkuskífa

καντράν ρολογιού

litli vísir

ωροδείκτης

stóri vísir

λεπτοδείκτης

sekúnduvísir

δείκτης δευτερολέπτων

Hvað er klukkan?

Τι ώρα είναι;

dagur

ημέρα

tími

χρόνος

nú

τώρα

tölvuúr

ψηφιακό ρολόι

mínúta

λεπτό

klukkustund

ώρα

vika

εβδομάδα

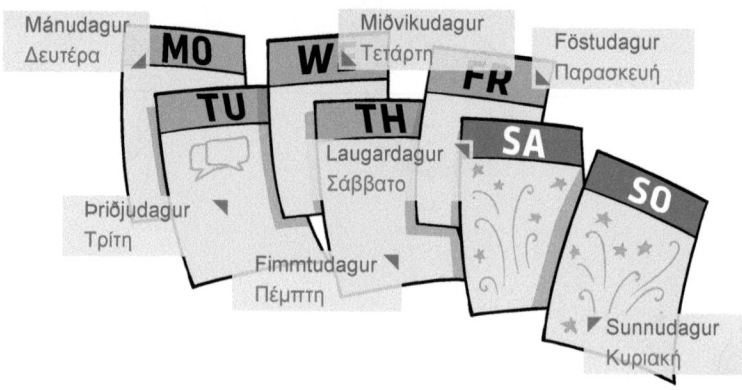

Mánudagur
Δευτέρα

Miðvikudagur
Τετάρτη

Föstudagur
Παρασκευή

Þriðjudagur
Τρίτη

Laugardagur
Σάββατο

Fimmtudagur
Πέμπτη

Sunnudagur
Κυριακή

í gær
....
χθες

í dag
....
σήμερα

á morgun
....
αύριο

morgunn
....
πρωί

hádegi
....
μεσημέρι

kvöld
....
βράδυ

virkir dagar
....
εργάσιμες ημέρες

helgi
....
Σαββατοκύριακο

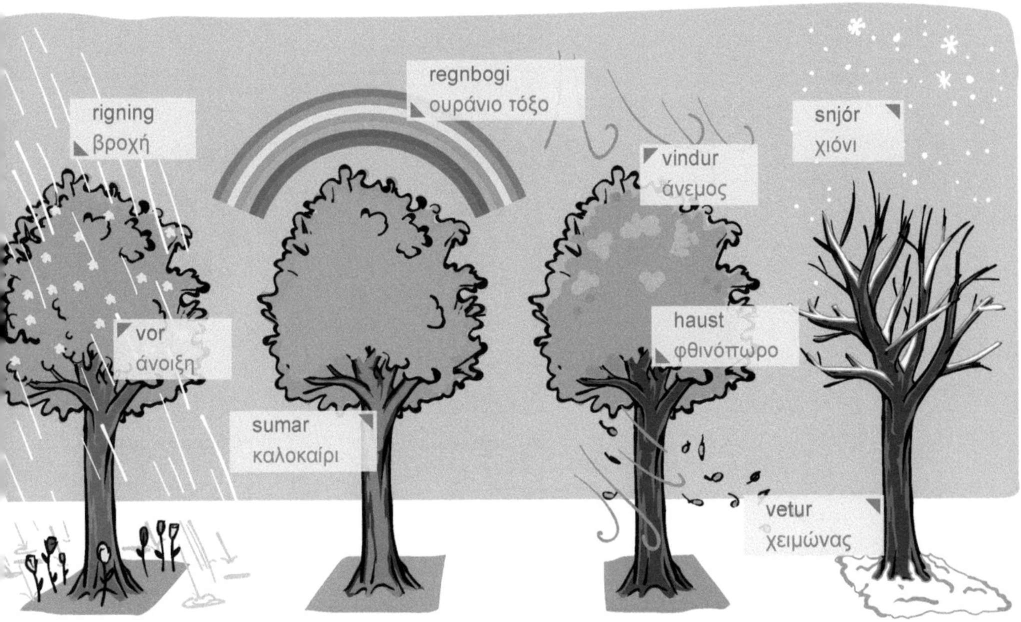

rigning
βροχή

regnbogi
ουράνιο τόξο

vindur
άνεμος

snjór
χιόνι

vor
άνοιξη

sumar
καλοκαίρι

haust
φθινόπωρο

vetur
χειμώνας

4.APRIL	11°	☀
5.APRIL	4°	⛅
6.APRIL	13°	🌧
7.APRIL	8°	☀
8.APRIL	10°	☀

veðurspá
....
πρόγνωση καιρού

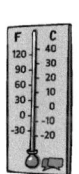

hitamælir
....
θερμόμετρο

sólskin
....
λιακάδα

ský
....
σύννεφο

þoka
....
ομίχλη

raki
....
υγρασία

eldingar

αστραπή

þrumuveður

κεραυνός

stormur

καταιγίδα

haglél

χαλάζι

monsún

μουσώνας

flóð

πλημμύρα

ís

πάγος

Janúar

Ιανουάριος

Febrúar

Φεβρουάριος

Mars

Μάρτιος

Apríl

Απρίλιος

Maí

Μάιος

Júní

Ιούνιος

Júlí

Ιούλιος

Ágúst

Αύγουστος

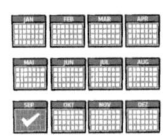

September
Σεπτέμβριος

Október
Οκτώβριος

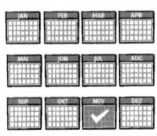

Nóvember
Νοέμβριος

Desember
Δεκέμβριος

hringur
κύκλος

ferningur
τετράγωνο

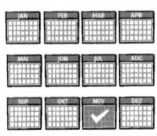

rétthyrningur
ορθογώνιο
παραλληλόγραμμο

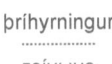

þríhyrningur
τρίγωνο

kúla
σφαίρα

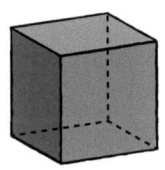

teningur
κύβος

hvítur

άσπρο

gulur

κίτρινο

appelsínugulur

πορτοκαλί

bleikur

ροζ

rauður

κόκκινο

fjólublár

μωβ

blár

μπλε

grænn

πράσινο

brúnn

καφέ

grár

γκρι

svartur

μαύρο

mikið / lítið   reiður / rólegur   fallegur / ljótur

πολύ / λίγο   θυμωμένος / ήρεμος   όμορφος / άσχημος

upphaf / endir   stór / lítill   bjartur / dimmur

αρχή / τέλος   μεγάλος / μικρός   φωτεινός / σκοτεινός

bróðir / systir   hreinn / óhreinn   heill / ófullnægjandi

αδελφός / αδελφή   καθαρός / λερωμένος   πλήρης / ατελής

dagur / nótt   dauður / lifandi   breiður / mjór

ημέρα / νύχτα   νεκρός / ζωντανός   φαρδύς / στενός

ætur / óætur

βρώσιμος / μη βρώσιμος

vondur / góður

κακός / ευγενικός

spenntur / leiður

ενθουσιασμένος /
βαριεστημένος

feitur / mjór

παχύς / λεπτός

fyrstur / síðastur

πρώτος / τελευταίος

vinur / óvinur

φίλος / εχθρός

fullur / tómur

γεμάτος / άδειος

harður / mjúkur

σκληρός / μαλακός

þungur / léttur

βαρύς / ελαφρύς

svangur / þyrstur

πείνα / δίψα

lasinn / heilbrigður

άρρωστος / υγιής

ólöglegur / löglegur

παράνομος / νόμιμος

greindur / heimskur

έξυπνος / χαζός

vinstri / hægri

αριστερός / δεξιός

nálægur / fjarlægur

κοντινός / μακρινός

andstæður - αντίθετα

nýr / notaður

καινούριος / μεταχειρισμένος

ekkert / eitthvað

τίποτα / κάτι

gamall / ungur

γέρος | νέος

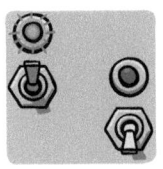

kveikt / slökkt

αναμμένος / σβηστός

opna / loka

ανοιχτός / κλειστός

Lágvær / hávær

χαμηλόφωνος / μεγαλόφωνος

ríkur / fátækur

πλούσιος / φτωχός

rétt / rangt

σωστός / λανθασμένος

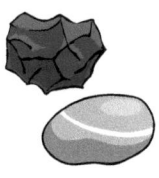

grófur / sléttur

τραχύς / λείος

orgbitinn / hamingjusamur

λυπημένος / χαρούμενος

stutt / lengi

κοντός / μακρύς

hægt / hratt

αργός / γρήγορος

blautur / þurr

υγρός / στεγνός

heitur / kaldur

ζεστός / δροσερός

stríð / friður

πόλεμος / ειρήνη

andstæður - αντίθετα

0	**1**	**2**
núll	einn	tveir
μηδέν	ένα	δύο

3	**4**	**5**
þrír	fjórir	fimm
τρία	τέσσερα	πέντε

6	**7**	**8**
sex	sjö	átta
έξι	εφτά	οκτώ

9	**10**	**11**
níu	tíu	ellefu
εννιά	δέκα	έντεκα

12

tólf

δώδεκα

13

þrettán

δεκατρία

14

fjórtán

δεκατέσσερα

15

fimmtán

δεκαπέντε

16

sextán

δεκαέξι

17

sautján

δεκαεφτά

18

átján

δεκαοκτώ

19

nítján

δεκαεννέα

20

tuttugu

είκοσι

100

hundrað

εκατό

1.000

þúsund

χίλια

1.000.000

milljón

εκατομμύριο

tölur - αριθμοί

Enska

Αγγλικά

Amerísk enska

Αμερικάνικα Αγγλικά

Mandarin-kínverska

Μανδαρίνικα Κινέζικα

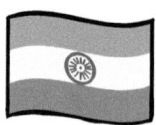

Hindí

Χίντι

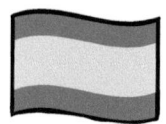

Spænska

Ισπανικά

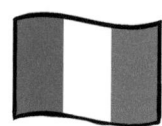

Franska

Γαλλικά

Arabíska

Αραβικά

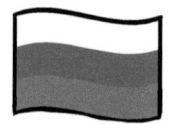

Rússneska

Ρώσικα

Portúgalska

Πορτογαλικά

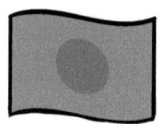

Bengali

Μπενγκάλι

Þýska

Γερμανικά

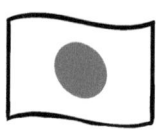

Japanska

Ιαπωνικά

ég

εγώ

þú

εσύ

hann / hún / það

αυτός / αυτή / αυτό

við

εμείς

þú

εσείς

þeir

αυτοί / αυτές / αυτά

hver?

ποιος / ποια / ποιο;

hvað?

τι;

hvernig?

πώς;

hvar?

πού;

hvenær?

πότε;

nafn

όνομα

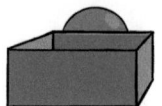

bakvið

πίσω

í

μέσα

fyrir framan

μπροστά

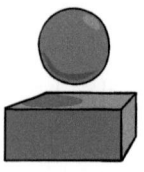

yfir

πάνω από

á

πάνω

undir

κάτω

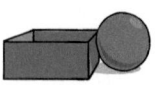

við hliðina

δίπλα

milli

ανάμεσα

sæti

μέρος